浙江省交通建设指南

公路钢结构桥梁制造指南

ZJ/ZN 2019-14

编写单位：浙江舟山北向大通道有限公司
上海振华重工(集团)股份有限公司
同济大学
武船重型工程股份有限公司
中铁宝桥集团有限公司
中铁山桥集团有限公司
浙江省交通规划设计研究院有限公司
中交公路规划设计院有限公司
武汉锂鑫自动化科技有限公司
江苏法尔胜材料分析测试有限公司
杭州道乔业交通科技有限公司
批准单位：浙江省交通运输厅

人民交通出版社股份有限公司
北　京

图书在版编目(CIP)数据

公路钢结构桥梁制造指南 / 浙江舟山北向大通道有限公司等主编. — 北京 ：人民交通出版社股份有限公司，2021.1

ISBN 978-7-114-16866-6

Ⅰ. ①公… Ⅱ. ①浙… Ⅲ. ①公路桥—钢结构—桥梁施工—指南 Ⅳ. ①U448.14-62

中国版本图书馆 CIP 数据核字(2020)第 184106 号

Gonglu Gangjiegou Qiaoliang Zhizao Zhinan

书　　名：**公路钢结构桥梁制造指南**
著 作 者：浙江舟山北向大通道有限公司
上海振华重工(集团)股份有限公司
同济大学
武船重型工程股份有限公司
中铁宝桥集团有限公司
中铁山桥集团有限公司
浙江省交通规划设计研究院有限公司
中交公路规划设计院有限公司
武汉锂鑫自动化科技有限公司
江苏法尔胜材料分析测试有限公司
杭州道乔业交通科技有限公司
责任编辑：黎小东
责任校对：孙国靖　卢　弦
责任印制：刘高彤
出版发行：人民交通出版社股份有限公司
地　　址：(100011)北京市朝阳区安定门外外馆斜街 3 号
网　　址：http://www.ccpcl.com.cn
销售电话：(010)59757973
总 经 销：人民交通出版社股份有限公司发行部
经　　销：各地新华书店
印　　刷：北京市密东印刷有限公司
开　　本：880 × 1230　1/16
印　　张：8.25
字　　数：243 千
版　　次：2021 年 1 月　第 1 版
印　　次：2021 年 1 月　第 1 次印刷
书　　号：ISBN 978-7-114-16866-6
定　　价：80.00 元
(有印刷、装订质量问题的图书，由本公司负责调换)

《公路钢结构桥梁制造指南》

审定委员会

主任委员：陆耀忠

委　　员：张治中　卞钧霈　文　斌　邵吉林　赵　伟
丰月华

编　写　组

主　　编：方明山

副 主 编：朴　泷　谭　昱　张兴志　吴　冲　马立芬
李昌华

编写人员：魏　军　洪　渊　张　麟　王昌将　王仁贵
王华治　罗海生　阮家顺　吴小兵　吴江波
刘志刚　石立鹏　庞延波　陈旭骏　高　兴
赵家晨　赵玉贤　孙　文　苏庆田

目　次

前言 …… V
1 总则 …… 1
2 编制依据 …… 1
3 术语和定义 …… 1
4 施工准备 …… 3
4.1 一般规定 …… 3
4.2 主要准备工作 …… 3
5 材料 …… 4
5.1 一般规定 …… 4
5.2 钢材 …… 4
5.3 焊接材料 …… 7
5.4 圆柱头焊钉 …… 7
5.5 螺栓连接副 …… 7
5.6 涂装材料 …… 8
6 零件制造 …… 8
6.1 一般规定 …… 8
6.2 放样与号料 …… 9
6.3 切割 …… 9
6.4 零件弯曲 …… 10
6.5 零件矫正 …… 10
6.6 零件机加工 …… 10
6.7 检验 …… 11
7 组装 …… 15
7.1 一般规定 …… 15
7.2 钢板接料 …… 16
7.3 加劲板单元 …… 17
7.4 钢锚箱和钢锚梁构件 …… 19
7.5 吊耳 …… 21
7.6 支承结构 …… 21
7.7 工形钢梁和槽形钢梁 …… 22
7.8 钢箱梁 …… 22
7.9 钢桁梁 …… 24
7.10 钢箱拱 …… 29
7.11 钢桁拱 …… 30
7.12 钢塔 …… 30
8 焊接与矫正 …… 30
8.1 一般规定 …… 30
8.2 焊接工艺评定 …… 31
8.3 焊接环境 …… 32

8.4　定位焊……32
8.5　自动埋弧焊……32
8.6　气体保护焊……33
8.7　手工焊条焊……33
8.8　圆柱头焊钉焊接……33
8.9　正交异性钢桥面板U肋与顶板的焊接……33
8.10　焊缝修磨和返修……36
8.11　矫正……36
9　焊缝质量检验……41
9.1　一般规定……41
9.2　焊缝的外观检验……43
9.3　焊缝的无损检验……44
9.4　圆柱头焊钉焊缝检验……49
9.5　产品试板……50
10　高强度螺栓……51
10.1　一般规定……51
10.2　制孔……51
10.3　高强度螺栓连接副……53
10.4　高强度螺栓连接处的钢板表面处理和摩擦面抗滑移系数检验……53
11　预拼装与试拼装……53
11.1　一般规定……53
11.2　工形钢梁和槽形钢梁……54
11.3　钢箱梁……55
11.4　钢桁梁……57
11.5　钢箱拱……60
11.6　钢桁拱……60
11.7　钢塔……61
11.8　钢锚梁及牛腿……62
12　涂装……62
12.1　一般规定……62
12.2　表面处理……63
12.3　工厂涂装……65
13　检验与验收……65
13.1　一般规定……65
13.2　板单元……66
13.3　工形钢梁和槽形钢梁……67
13.4　钢箱梁……68
13.5　钢桁梁……70
13.6　钢箱拱……73
13.7　钢桁拱……74
13.8　钢塔……74
13.9　钢锚梁及牛腿……74
13.10　涂装……75

附录 A(资料性附录) 编制依据文件清单 …… 78
附录 B(规范性附录) 钢材焊接工艺评定 …… 85
附录 C(规范性附录) 圆柱头焊钉焊接工艺评定 …… 90
附录 D(规范性附录) 钢材及加工缺陷的修补 …… 92
附录 E(规范性附录) 涂装材料复验要求 …… 93
附录 F(规范性附录) 高强度螺栓连接抗滑移系数试验方法 …… 99
附录 G(规范性附录) 超声波探伤 …… 101
附录 H(规范性附录) 磁粉探伤 …… 106
附录 I(规范性附录) 射线探伤 …… 109
附录 J(规范性附录) 渗透探伤 …… 115
附录 K(规范性附录) 钢材力学性能及工艺性能 …… 118

前　言

为规范公路钢结构桥梁工厂制造方法和工艺，统一质量检验标准，提升钢结构桥梁整体技术水平，编制单位总结近年来国内外钢结构桥梁制造的工程经验以及相关科研成果，借鉴国内外钢结构桥梁制造中成熟的技术和工艺，编写了《公路钢结构桥梁制造指南》（以下简称“本指南”）。

本指南强调对施工技术方案的制定、审查和执行过程的管理，明确钢结构桥梁制造中应遵守的准则和技术质量要求，对关键工序和关键技术进行重点控制，鼓励先进技术和工艺的应用，与相关的标准、规范和规程协调配套。

本指南为技术性指南，适用于公路钢结构桥梁的工厂制造和质量检验。

请注意本文件的某些内容可能涉及专利。本文件的发布机构不承担识别这些专利的责任。

公路钢结构桥梁制造指南

1 总则

1.1 为适应公路钢结构桥梁建设需要，规范钢结构桥梁制造方法和工艺，统一检验标准，提升钢结构桥梁整体技术水平，特制定本指南。

1.2 本指南由 13 章和 11 个附录组成，内容为：1 总则；2 编制依据；3 术语和定义；4 施工准备；5 材料；6 零件制造；7 组装；8 焊接与矫正；9 焊缝质量检验；10 高强度螺栓；11 预拼装与试拼装；12 涂装；13 检验与验收；附录 A 编制依据文件清单；附录 B 钢材焊接工艺评定；附录 C 圆柱头焊钉焊接工艺评定；附录 D 钢材及加工缺陷的修补；附录 E 涂装材料复验要求；附录 F 高强度螺栓连接抗滑移系数试验方法；附录 G 超声波探伤；附录 H 磁粉探伤；附录 I 射线探伤；附录 J 渗透探伤；附录 K 钢材力学性能及工艺性能。

1.3 本指南适用于公路钢结构桥梁的工厂制造及质量检验。

1.4 公路钢结构桥梁的制造除执行本指南外，尚应执行国家、行业和浙江省有关标准规定。

2 编制依据

编制依据文件见本指南附录 A。

3 术语和定义

下列术语和定义适用于本文件。

3.1

零件 part

组成钢结构桥梁的最小元件。

3.2

板单元 panel unit

由若干零件组成的基本单元，包括顶板单元、底板单元、腹板单元、横隔板单元、纵隔板单元、风嘴单元等。

3.3

构件 member

由零件、板单元组成的钢结构基本单元。

3.4

制造节段 manufacting segment

钢结构在工厂加工制造时划分形成的块体。

3.5

首制件 first member

钢桥首制构件或首轮制造构件。

3.6

预拼装 assembled in advance

在安装施工前,为保证构件安装精度进行的连续匹配拼装。

3.7

试拼装 test assembling

在安装施工前,为检查构件的制造精度,全部构件或选取有代表性的部分构件进行的拼装。

3.8

安装节段 install segment

钢结构在现场分段架设时的构件块体。

3.9

钢锚箱 steel box for cable anchor

一种拉索箱式锚固结构,由锚垫板、承压板、两块侧向支撑板、一个前支撑板、一个后支撑板、一个钢套管以及焊接于支撑板的加劲肋等组成。

3.10

钢锚梁 steel beam for cable anchor

一种用于锚固一对拉索的拉索锚固结构,由一对锚垫板、一对承压板、一对上支撑板、一对下支撑板、平衡梁的腹板和顶底板、一对钢套管以及焊接于锚梁的加劲肋等组成,由平衡梁承受拉索水平力。

3.11

一般钢箱梁 general steel box girder

钢箱连续桥、钢箱简支梁桥、钢箱组合梁桥等桥梁的钢箱梁,以及系杆拱桥的钢箱系梁、钢箱横梁等的统称,有单箱单室、单箱多室、多箱单室、多箱多室等结构形式。

3.12

大型扁平钢箱梁 large aerodynamic steel box girder

大型斜拉桥、悬索桥等桥梁的大型扁平形状钢箱梁,通常采用单箱结构,两侧设置风嘴。

3.13

高强度大六角头螺栓连接副 heavy-hex high strength bolt assembly

由一个高强度大六角头螺栓、一个高强度大六角螺母和两个高强度平垫圈组成一副的连接紧固件。

3.14

扭剪型高强度螺栓连接副 twist-off-type high strength bolt assembly

由一个扭剪型高强度螺栓、一个高强度大六角螺母和一个高强度平垫圈组成一副的连接紧固件。

3.15

摩擦面 faying surface

高强度螺栓连接板层之间的接触面。

3.16

摩擦型连接 friction-type joint

依靠高强度螺栓的紧固,在被连接件间产生摩擦阻力以传递剪力而将构件或板单元连成整体的连接方式。

3.17

抗滑移系数 mean slip coefficient

高强度螺栓连接摩擦面滑移时,滑动外力与连接中法向压力(等同于螺栓预拉力)的比值。

3.18

扭矩系数 torque-pretension coefficient

高强度螺栓连接中,施加于螺母上的紧固扭矩与其在螺栓导入的轴向预拉力(紧固轴力)之间的比例系数。

3.19

栓焊混用连接　joint with combined bolts and welds

在梁、柱、支撑构件的拼接及相互间的连接节点中，翼缘采用熔透焊缝连接，腹板采用摩擦型高强度螺栓连接的连接接头形式。

3.20

扭矩法　calibrated wrench method

通过控制施工扭矩值对高强度螺栓连接副进行紧固的方法。

3.21

转角法　turn-of-nut method

通过控制螺栓与螺母相对转角值对高强度螺栓连接副进行紧固的方法。

4　施工准备

4.1　一般规定

4.1.1　应建立健全质量保证体系和制造质量检验制度，确保制造全过程的质量管理和控制。

4.1.2　应建立健全安全生产管理体系，明确安全责任，严格执行安全操作规程，对制造过程中存在的各种风险源进行分析、评估，并制定防范对策和相应的突发事件应急预案。

4.1.3　应建立健全环境保护管理体系，遵守国家环境保护的有关法律法规，减少污染，保护环境。

4.1.4　应对使用计量器具进行检定，合格后方可使用，并按有关规定进行操作。

4.1.5　制造单位应编制钢结构桥梁制造施工组织、制造工艺、焊接工艺、涂装工艺等施工方案，绘制工厂制造图纸，制定材料采购计划和材料运输、存储、管理制度。

4.2　主要准备工作

4.2.1　设计图的制造工艺审查

制造单位应对钢结构图纸进行制造工艺审查。如果设计图存在无法制造或制造困难的构造，应及时联系设计单位；如果需要对设计图进行调整和变更，应取得原设计单位同意。

4.2.2　编制施工方案

应按本指南4.1.5的规定，编制钢结构制造施工组织方案和相关工艺方案，各种施工方案具体要求如下：

a)　钢结构制造施工组织方案应明确钢结构制造与运输总体方案、质量与安全管理体系和保证措施、人员安排与资质管理、场地与设备安排、进度安排等。

b)　钢结构制造工艺方案应明确钢结构厂内加工制造的流程、工艺、工装、设备。根据运输安装条件，合理划分构件的工厂制造单元、运输单元。明确材料复验、钢材预处理、板单元加工工艺与装备、构件组拼工艺与装备、焊接与螺栓连接施工工艺、变形矫正、构件与焊缝的返修、预拼装或试拼装，以及各道工序的质量检测方法和质量验收要求。

c)　涂装工艺方案应明确涂装的涂层方案，工艺流程，材料品种、规格和性能指标，材料复验内容、方法与验收标准，钢结构表面处理工艺，涂装工艺，钢结构制造与运输中对涂装的保护措施，涂装施工场地安排与作业环境，质量与安全管理体系和保证措施，环境保护管理体系和保证措施，人员安排与资质管理，设备安排，进度安排等。

d)　焊接工艺评定试验应根据设计图纸和钢结构制造工艺方案，编制焊接工艺评定试验方案，进行焊接工艺评定试验,提供焊接工艺评定试验检测报告和总结报告。

4.2.3 专家评审

钢结构制造施工组织方案、制造工艺方案和焊接工艺试验报告等应进行专家评审,由监理单位审批后报请相关单位。

4.2.4 绘制钢结构工厂制造图

钢结构制造单位,应根据设计图纸和经监理单位审批的钢结构制造工艺方案,绘制工厂加工图,并符合以下要求:

a) 钢结构工厂制造图包括:加工制造零件图、板单元组拼图、构件组拼图、钢结构总拼图、厂内试装简图、工地拼装简图、构件汇总表等。

b) 钢结构工厂制造图应考虑桥梁纵断线形、平面线形、横坡、预拱度、焊接变形、边缘加工余量、切割余量、制造温度、施工方法的影响。

c) 板单元和构件划分时,焊缝宜避开结构重要受力位置和车轮经常直接作用位置。空间几何形状复杂的构件,或采用平面图难以确定其几何尺寸的构件宜绘制三维图,或采用 BIM(建筑信息模型)建模。

d) 工厂加工图应满足设计文件、制造工艺与精度要求,并报送监理单位和设计单位。

5 材料

5.1 一般规定

5.1.1 制造单位应根据审批的钢结构制造施工组织方案和制造工艺方案、焊接工艺方案等,制定材料采购计划和材料存放与管理制度。

5.1.2 材料应符合设计文件和合同文件的要求,以及现行标准的规定。材料应有材料生产厂家的质量证明文件。钢材、焊接材料、高强度螺栓、圆柱头焊钉和涂装材料应按相关规范和本指南的规定进行抽样复验,复验合格后方可使用。

5.2 钢材

5.2.1 钢材应符合表 1 的规定。

表 1 钢材等级规定

钢材种类			标准名称及编号
钢　级	质量等级	轧制方法和交货状态	
Q355、Q390 Q420 Q460	B,C,D B,C B	热轧	《低合金高强度结构钢》(GB/T 1591)
Q355N Q390N、Q420N Q460N	B,C,D,E,F B,C,D,E B,C,D	正火轧制或正火交货	
Q355M Q390M、Q420M Q460M、Q500M、Q550M、Q620M、Q690M	B,C,D,E,F B,C,D,E B,C,D	热机械轧制	

表 1　钢材等级规定(续)

<table>
<tr><th colspan="3">钢材种类</th><th rowspan="2">标准名称及编号</th></tr>
<tr><th>钢　　级</th><th>质量等级</th><th>轧制方法和交货状态</th></tr>
<tr><td>Q195</td><td>—</td><td rowspan="3">热轧、控轧或正火</td><td rowspan="3">《碳素结构钢》
(GB/T 700)</td></tr>
<tr><td>Q215</td><td>A,B</td></tr>
<tr><td>Q235、Q275</td><td>A,B,C,D</td></tr>
<tr><td>Q345q、Q370q</td><td>C,D,E</td><td>热轧或正火</td><td rowspan="3">《桥梁用结构钢》
(GB/T 714)</td></tr>
<tr><td>Q345q、Q370q
Q420q、Q460q、Q500q</td><td>C,D,E
D,E,F</td><td>热机械轧制</td></tr>
<tr><td>Q500q、Q550q、Q620q、Q690q</td><td>D,E,F</td><td>调质</td></tr>
<tr><td colspan="2">35 号、45 号优质钢</td><td>热轧或热锻</td><td>《优质碳素结构钢》
(GB/T 699)</td></tr>
<tr><td colspan="2">Z15、Z25、Z35</td><td>—</td><td>《厚度方向性能钢板》
(GB/T 5313)</td></tr>
<tr><td colspan="2">ZG200-400、ZG230-450、ZG270-500、ZG310-570、ZG340-460</td><td>—</td><td>《一般工程用铸造碳钢件》
(GB/T 11352)</td></tr>
</table>

5.2.2　钢材应按同一厂家、同一材质、同一板厚、同一出厂状态每 10 个炉(批)号抽一组试件进行复验。检验项目如下:

a)　化学成分:C、Si、Mn、P、S;

b)　力学性能:屈服强度、抗拉强度、伸长率、弯曲(180°)、冲击功;

c)　Z 向性能钢:断面收缩率,Z 向拉伸;

d)　有探伤要求的钢板:超声波探伤。

5.2.3　合同无约定及设计无特殊要求时,钢材复验批按以下原则进行质量评定:

a)　当试验炉(批)号评定合格时,则评定整个检验批为合格;

b)　当试验炉(批)号评定为不合格时,在该检验批内再取两个炉(批)号的样品进行试验,按以下原则进行质量评定:

1)　若两个试验炉(批)号均合格,则该检验批其余炉(批)号均判定为合格;

2)　若两个试验炉(批)号均不合格,则对该检验批剩余的 8 个炉(批)号逐炉(批)进行取样试验,逐炉(批)评定;

3)　若两个试验炉(批)号一个合格一个不合格时,在该检验批剩余的 8 个炉(批)号再取两个炉(批)号的样品进行试验,如果两个试验炉(批)号均合格则判定该 8 个炉(批)号合格,否则对该检验批剩余的炉(批)号逐炉(批)进行取样试验,逐炉(批)评定。

5.2.4　对于 Z15、Z25、Z35 钢板,应按《厚度方向性能钢板》(GB/T 5313)的相关规定和下列要求进行硫含量和断面收缩率检测和评定:

a)　检验组批:Z25、Z35 级钢板应逐轧制张进行厚度方向性能检验。Z15 级钢板按批进行厚度方向性能检验,每一批钢板由同一牌号、同一炉号、同一厚度、同一交货状态的钢板组成,每批质量不大于 50t。

b)　取样:样坯应在沿钢板主轧制方向(纵向)的一端的中部切取(宽度 1/2 处),对于钢锭成材的钢板,应确保取在对应钢锭头部端,制备 6 个试样,其中 3 个备用。

c) 性能要求:厚度方向性能钢板的硫含量(熔炼分析),以及断面收缩率试验结果应符合表2的规定。

表2 厚度方向性能钢板的要求

厚度方向性能钢板的级别	硫含量(质量分数,%)	断面收缩率 Z(%)	
		一组试样的试验结果平均值	一组试样中单个试验结果的最小值
Z15	≤0.010	≥15	≥10
Z25	≤0.007	≥25	≥15
Z35	≤0.005	≥35	≥25

d) 评定:
1) 若一组3个试样的硫含量均合格,则判定该批钢板硫含量均合格;若一组3个试样中有一个试样的硫含量不合格,其余两个试样的硫含量合格,则将备用的3个试样作为附加试样,如果3个附加试样均合格,则判定该批钢板硫含量均合格,否则判定不合格;
2) 若一组3个试样断面收缩率的平均值合格,同时3个试样中的最小值也合格,则判定该批钢板断面收缩率均合格;
3) 若一组3个试样断面收缩率不满足表2要求,则将备用的3个试样作为附加试样,前后两组6个试样的断面收缩率同时满足以下条件时,则判定该批钢板断面收缩率均合格,否则判定不合格:
- 6个试样断面收缩率的平均值大于或等于表2规定的一组试样的试验结果平均值;
- 6个试样的单个试验结果中低于表2规定的一组试样的试验结果平均值的试样数量不多于2个;
- 6个试样的单个试验结果中低于表2规定的一组试样中单个试验结果的最小值的试样数量不多于1个。

5.2.5 对于厚度方向性能钢板(Z向钢板),或者设计有探伤要求的钢板,应按《厚钢板超声波检测方法》(GB/T 2970)进行检测。钢板质量等级为Ⅱ级,且近焊缝区域各200mm内不得有任何片状缺陷。

5.2.6 进口钢材应进行进口商检及按规定检验其化学成分和力学性能,产品的质量应符合设计和合同规定的要求。

5.2.7 钢材表面质量应符合《热轧钢材表面质量的一般规定》(GB/T 14977)的B类Ⅰ级的规定和下列要求:

a) 当钢材表面有锈蚀、麻点或划痕等缺陷时,其深度不得大于该钢材厚度允许偏差值的1/2。

b) 钢材表面锈蚀等级应符合《涂覆涂料前钢材表面处理 表面清洁度的目视评定 第1部分:未涂覆过的钢材表面和全面清除原有涂层后的钢材表面的锈蚀等级和处理等级》(GB/T 8923.1)规定的C级或C级以上。

5.2.8 钢板厚度允许偏差应符合《热轧钢板和钢带的尺寸、外形、重量及允许偏差》(GB/T 709)的规定。

5.2.9 厚度大于或等于8mm的钢板不得采用卷料及开平板。

5.2.10 加工过程中发现钢材缺陷需要修补时,应符合本指南附录D的规定。

5.2.11 钢材应采用喷码或色带标识,色带标识的每种色带宽度不宜小于50mm。

5.3 焊接材料

5.3.1 焊接材料应与母材相匹配,其型号及规格应根据焊接工艺评定确定。

5.3.2 焊接材料应符合以下要求:

a) 手工焊用焊条应符合《非合金钢及细晶粒钢焊条》(GB/T 5117)、《热强钢焊条》(GB/T 5118)的规定。

b) CO_2 气体保护焊的气体纯度应不小于99.5%,所用实芯焊丝应符合《气体保护电弧焊用碳钢、低合金钢焊丝》(GB/T 8110)的规定,药芯焊丝应符合《非合金钢及细晶粒钢药芯焊丝》(GB/T 10045)、《热强钢药芯焊丝》(GB/T 17493)的规定。

c) 埋弧焊用焊丝和焊剂应符合《埋弧焊用非合金钢及细晶粒钢实心焊丝、药芯焊丝和焊丝-焊剂组合分类要求》(GB/T 5293)、《埋弧焊用热强钢实心焊丝、药芯焊丝和焊丝-焊剂组合分类要求》(GB/T 12470)的规定。

d) 陶瓷衬垫产品质量、技术性能应符合《陶质焊接衬垫》(CB/T 3715)的规定。陶瓷衬垫应保证干燥,在干燥室内存放,随取随用。不得存放在室外露天环境下。当天未用完的陶瓷衬垫,必须返回库房存放。

5.3.3 焊接材料应具有生产厂家提供的质量证明书,并按以下方法进行抽样检验:

a) 首次使用的焊接材料应进行化学成分和熔敷金属力学性能检验;

b) 连续使用的同一厂家、同一型号的焊接材料,对于实芯焊丝逐批进行化学成分检验,对于焊剂逐批进行熔敷金属力学性能检验,对于药芯焊丝和焊条每一年进行一次熔敷金属力学性能检验;

c) 同一型号焊接材料在更换厂家后,首个批号的焊接材料应进行化学成分和熔敷金属力学性能检验。

5.3.4 焊接材料复验项目如下:

a) 手工焊条:熔敷金属的化学成分和力学性能(屈服强度、抗拉强度、延伸率、冲击韧性);

b) 实芯焊丝:焊丝的化学成分和力学性能(屈服强度、抗拉强度、延伸率、冲击韧性);

c) 药芯焊丝:熔敷金属的化学成分和力学性能(屈服强度、抗拉强度、延伸率、冲击韧性);

d) 埋弧焊焊丝:化学成分(复验 C、Si、Mn、P、S、Cu 元素含量);

e) 埋弧焊焊剂:力学性能(屈服强度、抗拉强度、延伸率、冲击韧性)。

5.3.5 焊接材料质量管理应符合《焊接材料质量管理规程》(JB/T 3223)的规定。焊接材料应储存在干燥、通风良好的室内,由专人保管、烘焙、发放和回收,并详细记录。对储存期超过1年的焊接材料,使用前应重新按标准检验。

5.4 圆柱头焊钉

5.4.1 圆柱头焊钉的外形尺寸、机械性能应符合《电弧螺柱焊用圆柱头焊钉》(GB/T 10433)的规定,化学成分应符合《冷镦和冷挤压用钢》(GB/T 6478)的规定。

5.4.2 圆柱头焊钉用瓷环形式与尺寸应符合《电弧螺柱焊用圆柱头焊钉》(GB/T 10433)的规定。

5.4.3 圆柱头焊钉应按1‰的比例进行抽样复验,当同一批次的焊钉数量少于8000个时抽取8个焊钉进行复验,复验项目和性能应符合《电弧螺柱焊用圆柱头焊钉》(GB/T 10433)的规定。

5.5 螺栓连接副

5.5.1 高强度螺栓连接副应符合《钢结构用高强度大六角头螺栓》(GB/T 1228)、《钢结构用高强度大六角螺母》(GB/T 1229)、《钢结构用高强度垫圈》(GB/T 1230)、《钢结构用高强度大六角头螺栓、大六角螺母、垫圈技术条件》(GB/T 1231)、《钢结构用扭剪型高强度螺栓连接副》(GB/T 3632)的规定。

5.5.2　普通螺栓连接副应符合《六角头螺栓　C 级》(GB/T 5780)、《六角头螺栓　全螺纹　C 级》(GB/T 5781)、《六角头螺栓》(GB/T 5782)、《六角头螺栓　全螺纹》(GB/T 5783)的规定。

5.5.3　高强度大六角螺栓连接副和扭剪型高强度螺栓连接副应按如下要求进行紧固轴力复验,试验螺栓应从施工现场待安装的螺栓批中随机抽取,每批抽取 8 套连接副进行复验。

a)　组批:

螺栓组批:同一性能等级、材料、炉号、螺纹规格、长度(当螺栓长度≤100mm 时,长度相差≤15mm;螺栓长度 >100mm 时,长度相差≤20mm,可视为同一长度)、机械加工、热处理工艺、表面处理工艺的螺栓为一批;

螺母组批:同一性能等级、材料、炉号、螺纹规格、机械加工、热处理工艺、表面处理工艺的螺母为一批;

垫圈组批:同一性能等级、材料、炉号、规格、机械加工、热处理工艺、表面处理工艺的垫圈为一批;

连接副组批:分别由同批螺栓、螺母、垫圈组成的连接副为同批连接副。同批高强度螺栓连接副最大批量为 3000 套。

b)　螺栓、螺母和垫圈的尺寸、外观及表面缺陷的复验抽样方案按《紧固件　验收检查》(GB/T 90.1)的规定执行。

c)　高强度大六角头螺栓连接副的复验检验方法和结果应符合本指南 10.3.1 的规定。

d)　扭剪型高强度螺栓连接副的复验检验方法和结果应符合本指南 10.3.2 的规定。

e)　如果一批 8 套连接副的复验结果符合本指南 10.3 的规定,则判定该批次的螺栓连接副合格,否则判定为不合格。

5.5.4　作为永久性连接的普通螺栓,当设计有要求或对其质量有疑义时应进行螺栓实物最小拉力载荷复验,其试验方法和结果应符合《紧固件机械性能　螺栓、螺钉和螺柱》(GB/T 3098.1)的规定。检查数量:每一规格螺栓抽查 8 个,如果一种规格 8 个螺栓的复验结果符合《紧固件机械性能　螺栓、螺钉和螺柱》(GB/T 3098.1)的规定,则判定该规格的螺栓合格,否则判定为不合格。

5.6　涂装材料

5.6.1　涂装材料的品种、规格、技术性能指标应符合设计图和合同文件的要求,有完整的出厂质量合格证明文件和出厂检验证明资料。

5.6.2　涂装材料应性能可靠、防蚀性强、耐候性好,其防护年限应满足设计图纸规定。

5.6.3　涂装材料应符合设计文件、《公路桥梁钢结构防腐涂装技术条件》(JT/T 722)以及本指南附录 A.4中相关标准的要求。

5.6.4　除锈磨料应符合本指南 12.2.5 的规定。

5.6.5　涂装材料应具有生产厂家提供的质量证明书和质量检验试验资料,并按本指南附录 E 规定进行复验。

6　零件制造

6.1　一般规定

6.1.1　桁架构件的盖板、腹板,箱形梁(钢箱梁桥)、工形梁、槽形梁、钢箱拱以及钢塔等的顶板、底板、腹板、纵隔板、横隔板、风嘴的板单元、锚箱(锚固耳板、锚管等),板单元的面板,纵肋(含 U 肋)、横肋、拼接板、节点板、圆柱头焊钉等为主要零件;其余为次要零件。

6.1.2　钢材进场经材料复验合格后,钢板应进行辊平、抛丸或喷砂除锈、涂防锈底漆等预处理。预处理后应移植钢板的牌号、规格等信息。

6.1.3 相同的构件,制造精度宜达到互换要求;设计文件有要求时,按设计文件执行。

6.2 放样与号料

6.2.1 对于形状复杂、在图中不易确定尺寸的零部件应通过作样校对,或利用计算机模拟校对。

6.2.2 放样、号料前应检查钢材的牌号、规格和质量,并记录保存依据,由监理工程师确认。

6.2.3 钢材不平直、锈蚀、油污等影响号料或切割质量时,应矫正和清理后再号料。

6.2.4 主要零件下料时,钢材的轧制方向应与结构主要受力方向相同。

6.2.5 放样及号料时,应根据工厂加工图和加工制造工艺文件要求,预留制造和安装时的焊接收缩余量、切割和边缘加工等的加工余量,以及调整制造和安装误差的配切余量等。

6.2.6 钢板工厂拼板或对接时,接缝应距离其他焊缝圆弧起点、高强度螺栓拼接板端等部位100mm以上,钢板焊接的圆弧端部应打磨匀顺。对板厚相差4mm以上的拼板或对接焊应按设计文件要求做成斜坡过渡;设计文件对斜坡没有规定时,过渡斜坡的坡度不应大于1∶4。

6.3 切割

6.3.1 首次采用的切割工艺,以及切割设备发生变化或设备大修后应进行切割工艺评定试验,并根据评定试验结果编制切割工艺文件,按工艺文件要求进行切割,其切割质量应满足以下要求:

a) 钢材切割面应符合本指南6.3.3的规定;

b) 精密切割后不进行边缘加工的零件应符合本指南6.3.4的规定;

c) 剪切质量应满足本指南6.3.5的要求;

d) 手工焰切尺寸允许偏差应符合本指南6.3.6的规定。

6.3.2 主要零件和钢箱梁的横隔板应采用精密切割(数控、自动、半自动)或等离子切割。剪切仅适用于次要零件或剪切后再进行机加工的主要零件。手工焰切仅适用于工艺特定或焰切后再进行加工的零件,切割时钢板应放平、垫稳,割缝下面留有空隙。

6.3.3 钢材切割面应无裂纹、夹渣、分层。

6.3.4 精密切割后不进行边缘加工的零件应符合下列要求:

a) 尺寸允许偏差应符合本指南6.7的规定。

b) 切割面的硬度不超过HV350。

c) 精密切割表面质量应符合表3的规定。

表3 精密切割表面质量要求

序号	项　目	主要零件	次要零件	备　注
1	表面粗糙度 Ra(μm)	25	50	GB/T 1031,用样板检测
2	崩坑(mm)	不允许	1000mm长度内, 允许有1处≤1	
3	塌角(mm)	圆角半径≤0.5		
4	切割面垂直度(mm)	≤0.05t,且≤2		t为板厚

6.3.5 采用剪切工艺时钢板厚度不宜大于12mm,剪切边缘应整齐,无毛刺、反口、缺肉等缺陷。需要进行边缘机加工的板单元尺寸应考虑机加工余量的要求。不进行边缘机加工的板单元,剪切的反口应修平,切割的挂渣应铲净。剪切质量应满足表4的要求。

表 4　剪切质量技术要求

检 验 项 目	规定值或允许偏差
板单元尺寸(mm)	±2
板边垂直度(mm)	≤0.05t(t 为板厚),且不大于 2
板切割直线度	≤L/1000,L 为板的切割长度
型钢(构件)长度(mm)	±1
型钢端头垂直度(mm)	≤2

6.3.6　手工焰切尺寸允许偏差应小于或等于 ±2mm。

6.3.7　切割后的零件圆弧部位应修磨匀顺,零件非焊接边的切割边均应倒 R 2mm 圆角。

6.3.8　焰切边缘的缺口或崩坑的修补应符合本指南附录 D 的规定。

6.3.9　切割完毕后,应对零件进行标识,标识信息包括工号、图号、件号、板厚、材质、炉批号等。

6.4　零件弯曲

6.4.1　主要零件冷作弯曲时,环境温度不宜低于 -5℃,内侧弯曲半径不宜小于板厚的 15 倍(U 肋弯曲加工除外),内侧弯曲半径小于板厚的 15 倍者(U 肋弯曲加工除外)应热煨,热煨加温温度、高温停留时间、冷却速率应与加工钢材的性能相适应,上述弯曲后的零件边缘不得产生裂纹。

6.4.2　次要零件和 U 肋的内侧弯曲半径不应小于板厚的 5 倍,弯曲后的零件和 U 肋不得有裂纹。

6.5　零件矫正

6.5.1　在进行制孔、机加工、弯曲加工等工序前,零件应进行矫正。

6.5.2　零件的矫正宜采用冷矫。零件需要采用加热矫正时,加热温度应控制在 600℃ ~800℃,设计文件对矫正方法有要求时,按设计文件规定执行。

6.5.3　矫正后的尺寸允许偏差应符合本指南 6.7 的要求。

6.6　零件机加工

6.6.1　加工面的表面粗糙度 Ra 不应大于 25μm,零件边缘的加工深度不应小于 3mm。零件边缘硬度不超过 HV350。

6.6.2　顶紧传力面的表面粗糙度 Ra 不应大于 12.5μm,顶紧加工面与板面垂直度偏差不应大于 0.01t(t 为板厚),且不应大于 0.3mm。检验方法为:观察检查,比照样块检查,用塞尺检查间隙。

6.6.3　应根据预留加工量及平面垂直度要求,对零件均匀加工,并应磨去边缘的飞刺、挂渣,使端面光滑匀顺。

6.6.4　采用机加工或精密切割进行坡口加工,过渡段坡口应打磨匀顺,坡口尺寸及允许偏差依据工艺评定确定。

6.6.5　钢塔节段端面机加工应符合表 5 的规定。

表 5　钢塔节段端面机加工质量要求

序号	名　　称		允 许 偏 差	检测工具和方法	简　　图
1	构件长度 L(mm)		±2	钢尺	
2	平面度	面积≤40m²	≤0.08mm/m， 且全平面≤0.25mm	精密激光测量	
		面积＞40m²	全平面≤0.4mm	精密激光测量	
3	两端面的倾斜度		≤0.5	精密激光测量	
4	节段端面对轴线的垂直度 （顺桥向、横桥向）		≤1/10000	精密激光测量	
5	表面粗糙度(μm)		Ra≤12.5	粗糙度测量仪 或样块对比法	

6.7　检验

6.7.1　钢板零件加工允许偏差应符合表 6 的规定。

表 6　钢板零件加工允许偏差

序号	名　　称		允许偏差(mm)	简　　图
1	平面度 f(每米范围)		≤1	
2	直线度 f （全长范围）	L≤8000mm	≤2	
		L＞8000mm	≤3	

6.7.2　型钢零件加工允许偏差应符合表 7 的规定。

表 7　型钢零件加工允许偏差

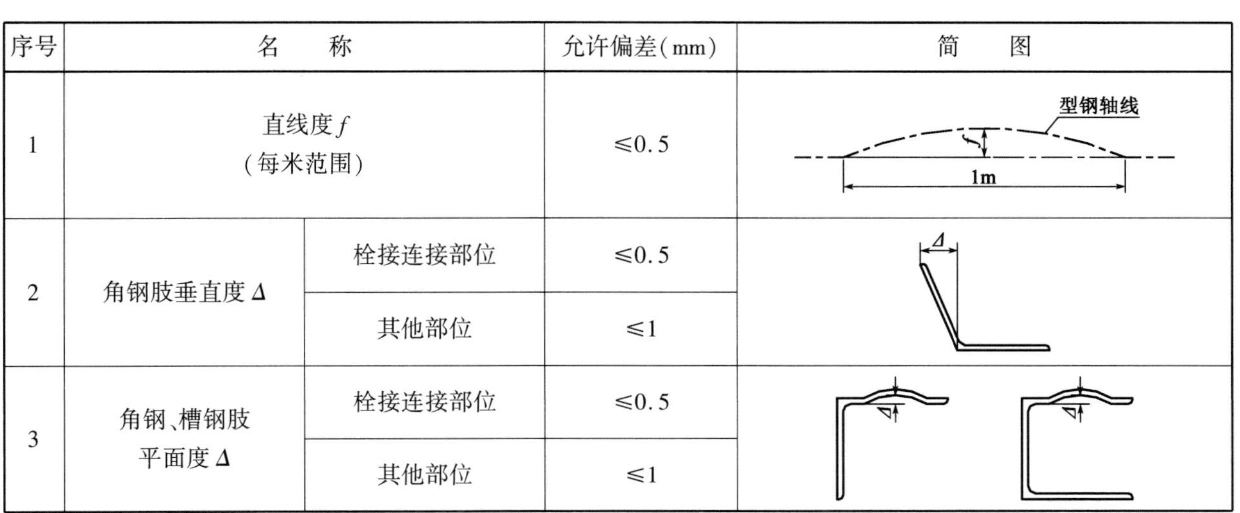

序号	名　　称		允许偏差(mm)	简　　图
1	直线度 f （每米范围）		≤0.5	
2	角钢肢垂直度 Δ	栓接连接部位	≤0.5	
		其他部位	≤1	
3	角钢、槽钢肢 平面度 Δ	栓接连接部位	≤0.5	
		其他部位	≤1	

表7　型钢零件加工允许偏差(续)

序号	名　　称		允许偏差(mm)	简　　图
4	工字钢、H型钢、槽钢腹板平面度 Δ	栓接连接部位	≤0.5	
		其他部位	≤1	
5	工字钢、H型钢、槽钢翼缘垂直度 Δ	栓接连接部位	≤0.5	

6.7.3　钢管零件加工允许偏差应符合表8的规定。

表8　钢管零件加工允许偏差

序号	名　　称	允许偏差(mm)	简　　图
1	钢管纵向直线度	$f/L \leq 1/1000$,且 $f \leq 10$	钢管轴线
2	钢管椭圆度	$\delta/d \leq 3/1000$	
3	端面平面度	$\Delta/d \leq 1/500$,且 $\Delta \leq 3$	

6.7.4　U肋加工允许偏差应符合表9的规定。

表9　U肋尺寸允许偏差

序号	名　　称	允许偏差(mm)	简　　图
1	上宽 A	+3,-1	
2	下宽 B	±1.5	
3	高度 H	±2	
4	两肢高差 Δ	≤2	
5	长度 L	±2	
6	旁弯、竖弯	≤L/1000,且≤6	
7	扭曲	≤3	

6.7.5 钢箱梁零件加工允许偏差应符合表10的规定。

表10 钢箱梁零件加工允许偏差

序号	名称		允许偏差(mm)	简图
1	顶底板	长度 L	±2	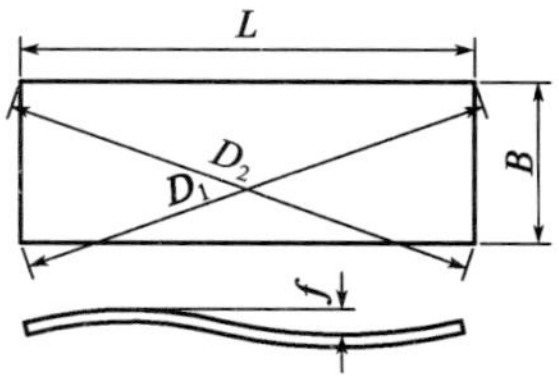
		宽度 B	±2	
		对角线差 $\|D_1 - D_2\|$	≤4	
		平面度 f	≤1(1000 范围)	
2	腹板、纵隔板	长度 L	±2	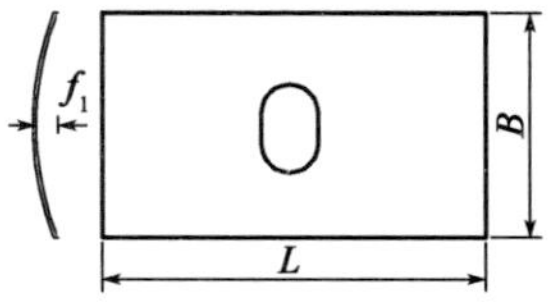
		宽度 B	±1	
		平面度 f_1	≤2(1000 范围)	
3	横隔板	长度 L	±2	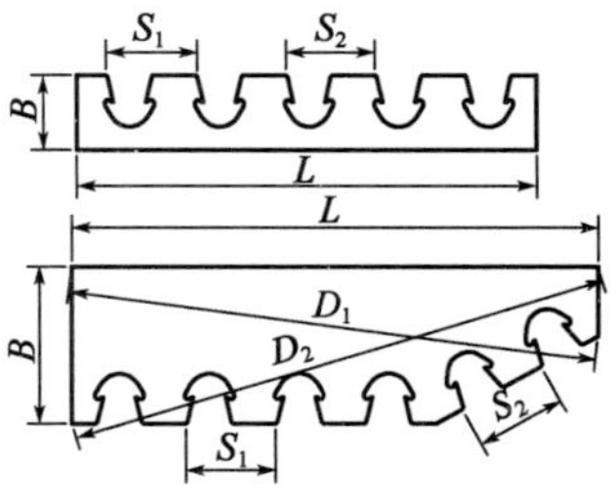
		宽度 B	±2	
		对角线 D_1、D_2	±4	
		面板平面度 f	≤3(1000 范围)	
		弧形缺口棱边打磨倒圆角半径	≤3	
		任意两槽口中心距 S_1	±2	
		相邻两槽口中心距 S_2	±1	
4	吊索锚固	长度 L	±2	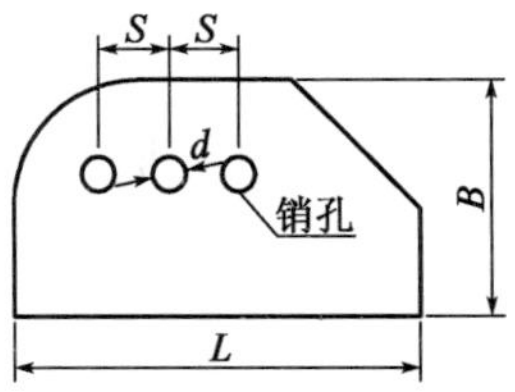
		宽度 B	±2	
		孔间距 S	±2	
		孔直径 d	+2,0	
5	锚拉板	长度 L、高度 H	±2	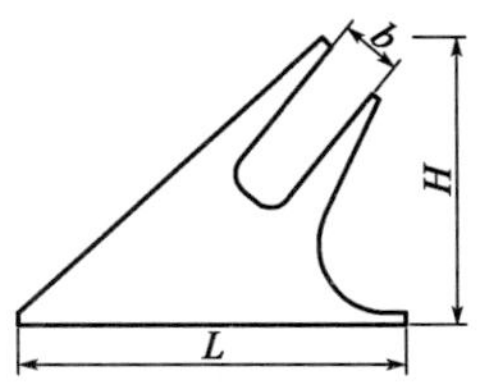
		槽口宽度 b	0, +2	
6	锚管	长度 L	±3	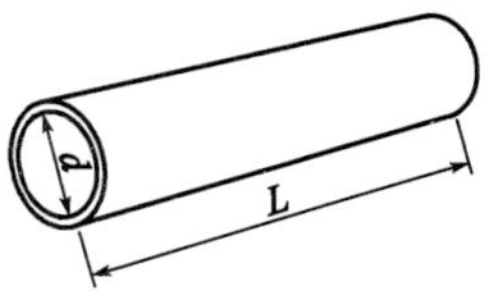
		内径 d	+2,0	

6.7.6　钢桁梁零件加工允许偏差应符合表 11 的规定。

表 11　钢桁梁零件加工允许偏差

序号	名　称			允许偏差(mm)	简　图
1	桁梁的弦、斜、竖杆,横梁,纵梁,连接系构件,板梁主梁	盖板长度 L		±2[a]	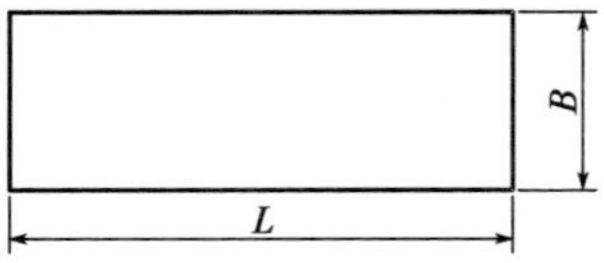
		盖板宽度 B	箱形	+2,0	
			工形	±2	
		腹板宽度 B		0,-1	
2	箱形构件内隔板	宽度 B	$B\leq1000$mm	+0.5,0	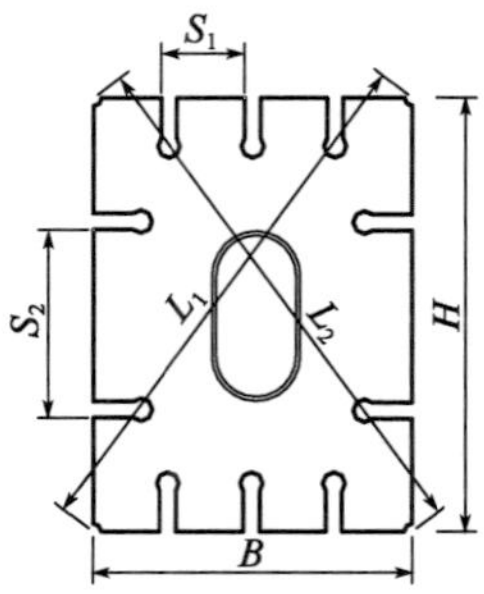
			$B>1000$mm	+1,0	
		高度 H		0,-1	
		对角线		≤1	
		板边垂直度	$H\leq1000$mm	≤0.5	
			$H>1000$mm	≤1	
		槽口中心距 S_1、S_2		±1	
3	拼接板	长度 L、宽度 B		±2	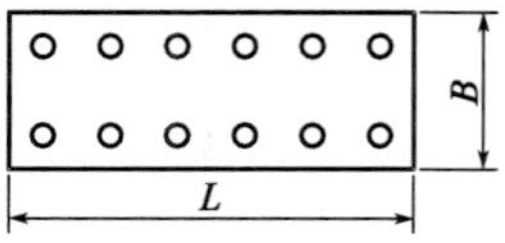
4	楔形板(支座垫板等)	厚度 t_1、t_2		±2[b]	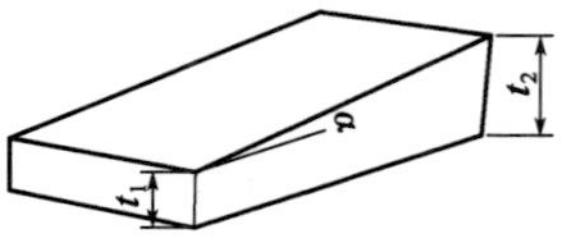
		斜角 α		≤0.05	
5	其他零件长度 L、宽度 B			±2	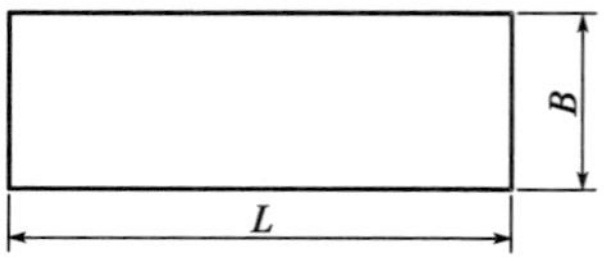

[a] 长度留二次切割量的正差可根据工艺文件确定。

[b] 如工艺有特殊要求,可根据工艺文件确定。

6.7.7　钢塔零件加工允许偏差应符合表 12 的规定。

表 12　钢塔零件加工允许偏差

序号	名　称		允许偏差(mm)	简　图
1	壁板	长度 L、宽度 B	±2	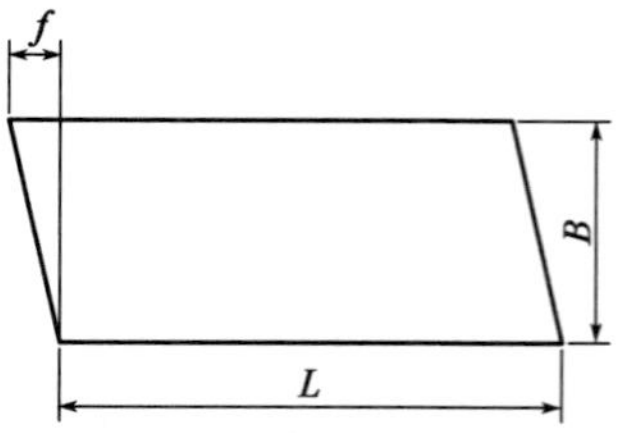
		板边垂直度 f	≤2	

表 12　钢塔零件加工允许偏差(续)

序号	名　　称		允许偏差(mm)	简　　图
2	隔板	长度 L、宽度 B	±2	
		槽口中心距 S_1、S_2	±1	
		对角线	≤4	
		平面度	≤2(1000 范围)	

7　组装

7.1　一般规定

7.1.1　组装前应熟悉施工图和工艺文件,按图纸核对零件编号、外形尺寸、坡口方向及尺寸,确认无误后方可组装。

7.1.2　构件组装应在胎架上进行,胎架应满足以下要求:

a)　胎架应有足够的强度和刚度,稳定可靠,满足支撑、定位、固定、操作等工作需要。胎架基础应有足够的承载能力。首次使用的胎架应进行预压试验,确保组拼施工安全和构件组拼精度。

b)　胎架应设置预拱度,满足构件几何线形的要求。

c)　每一轮次组装前,均应对胎架进行检测,合格后方可进行本轮次的组装。

d)　胎架纵向中心线偏差不应大于 0.5mm,采用激光经纬仪或不低于激光经纬仪精度的测试仪器进行检测。

e)　胎架模板高程偏差不应大于 ±1mm,采用激光经纬仪或不低于激光经纬仪精度的水准仪进行检测。

7.1.3　胎架外应设置测量三角网和固定水准点,地面应设置构件组装定位线。

7.1.4　组装前应彻底清除待焊区域的铁锈、氧化铁皮、油污、水分等有害物,使其表面显露出金属光泽。清除范围应为图 1 所示虚线范围。

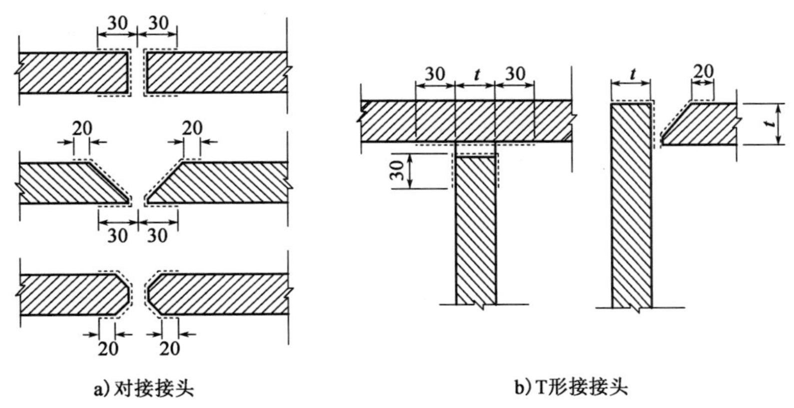

a) 对接接头　　b) T形接接头

图 1　清除范围(尺寸单位:mm)

7.1.5　采用先孔法的构件,组装时应以孔定位,用胎架组装时每一孔群定位不应少于 2 个冲钉,冲钉直径不应小于设计孔径 +0.1mm。

7.1.6　需要接料的钢板,应在构件组装前接料。

7.1.7 设置加劲肋的构件，宜先将加劲肋与板单元组拼成加劲板单元，然后进行构件总体拼装。

7.1.8 拉索、吊索的锚固结构等，受力集中、制造空间小的复杂结构，宜先进行单元件制造，然后进行构件总体拼装。

7.1.9 大型构件在露天进行组装时，胎架、构件的测量应考虑日照和温差的影响。

7.1.10 应在焊缝的端部连接引弧板或熄弧板（以下将引弧板和熄弧板统称为引板）；引板的材质、坡口应与所焊件相同。

7.1.11 进行产品试板检验时，应在焊缝端部加装试板。当无法在焊缝端部加装试板时，应在相同的环境条件下施焊。试板的材质、厚度、轧制方向及坡口应与焊材相同；不同板厚对接时，采用较薄侧板作为产品试板。产品试板的长度应大于400mm，焊缝两侧的宽度不应小于150mm。

7.1.12 组装完成后应做好标识，标识应至少包括构件名称、工件号、图号、负责人等信息。涂装结束后应重新做好标识，并做好涂装标识和信息记录。涂装标识至少包括表面处理清洁度和粗糙度、涂装体系及膜厚、已完成的涂层、未完成的涂层、负责人等信息。

7.2 钢板接料

7.2.1 除修改换料外，钢板接料应在构件组装前完成，并应符合下列规定：

a) 顶板、底板、腹板接料长度不宜小于1000mm，宽度不应小于200mm，接料焊缝至加劲肋焊缝的间距不宜小于100mm。横向接料焊缝至螺栓孔中心的间距不宜小于100mm。

b) 钢箱梁顶板、底板、腹板和板梁腹板接料焊缝可为T形或十字形，T形焊缝交叉点间距不宜小于200mm。

c) 节点板需要接宽时，接料焊缝至其他焊缝、节点板圆弧起点以及高强度螺栓拼接板边缘部位的距离不宜小于100mm。节点板应避免纵、横向同时接料。

d) 桁架构件组装时，应将相邻焊缝错开，错开的最小距离应符合图2的规定。

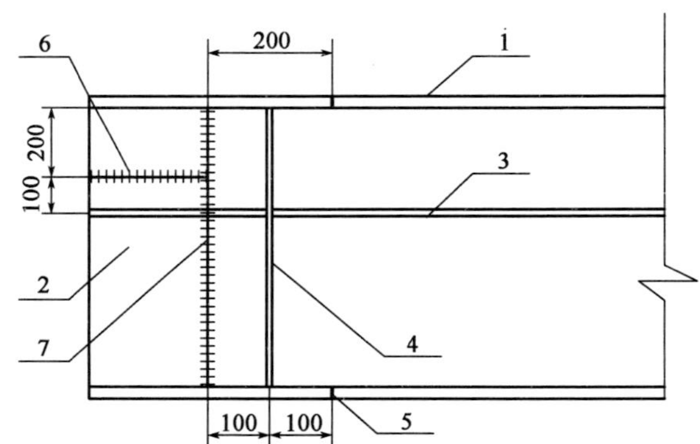

图2 焊缝错开的最小距离（尺寸单位：mm）

1-盖板；2-腹板；3-水平肋；4-竖肋或横肋；5-盖板对接焊缝；6-腹板纵向焊缝；7-腹板横向焊缝

e) 钢板接料组装允许偏差应符合表13的规定。

表13 钢板接料组装允许偏差

序号	名称		允许偏差(mm)	简图
1	对接错边量 δ	板厚 $t<25$mm	≤0.5	
		板厚 $t\geqslant25$mm	≤1	
2	对接焊缝设计坡口间隙 b		≤2	

7.2.2 应采用自动焊或半自动焊进行接料焊接，焊缝应按Ⅰ级焊缝质量标准进行检测并打磨平顺。

7.3 加劲板单元

7.3.1 钢梁顶板和底板的加劲板单元宜在预变形组装胎架上进行组拼，采用板单元加工自动化生产线制造，尽可能减小板单元的焊接变形。

7.3.2 加劲板单元组拼时，不应采用仰焊。焊接完成后，应进行矫正，并且进行几何尺寸和焊缝质量检测，检测质量合格后方可用于下道工序的施工。

7.3.3 横隔板单元组装允许偏差应符合表14的规定。

表14 横隔板单元组装允许偏差

序号	名 称	允许偏差(mm)	简 图
1	高度 H_1、H_2	±2	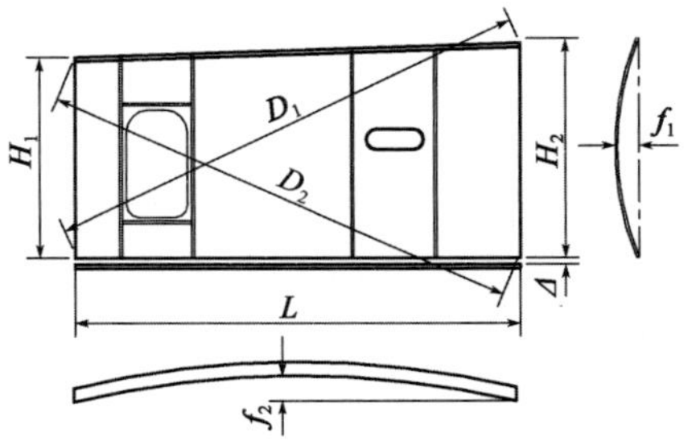
2	组装间隙 Δ	≤1	
3	加劲肋垂直度 δ	±2	
4	横向平面度 f_1	≤H/250，且≤5	
5	纵向平面度 f_2	≤4(4000范围)	

7.3.4 横肋板单元组装允许偏差应符合表15的规定。

表15 横肋板单元组装允许偏差

序号	名 称	允许偏差(mm)	简 图
1	翼板与腹板组装间隙 Δ	≤1	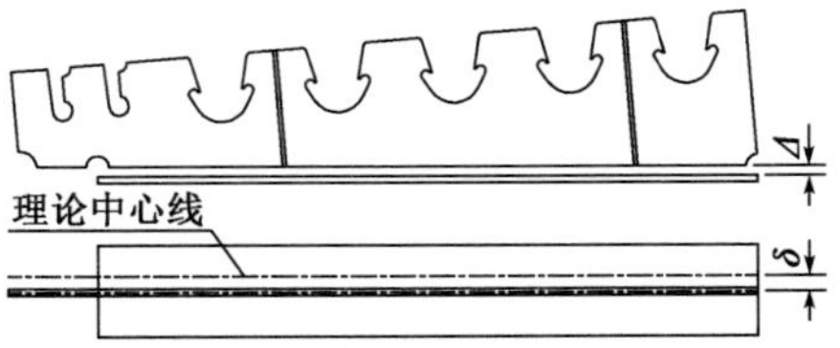
2	腹板中心与翼板中心线偏移 δ	≤2	理论中心线

7.3.5 纵横梁组装允许偏差应符合表16的规定。

表16 纵横梁组装允许偏差

序号	名 称		允许偏差(mm)	简 图
1	高度 h		+1.5,0	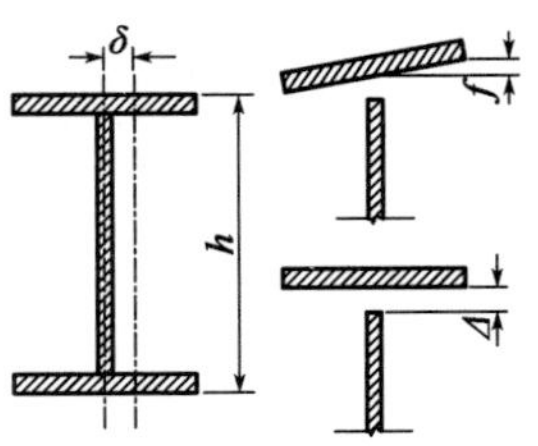
2	翼缘组装间隙 Δ		≤1	
3	翼缘倾斜度 f（翼板的一半测量）	端部1m	≤0.5	
		其他部位	≤1	
4	腹板中心偏差 δ	端部1m	≤1	
		其他部位	≤2	

7.3.6 腹板单元组装允许偏差应符合表17的规定。

表17 腹板单元组装允许偏差

序号	名称		允许偏差(mm)	简图
1	加劲肋中心间距 S	横隔板处	±1	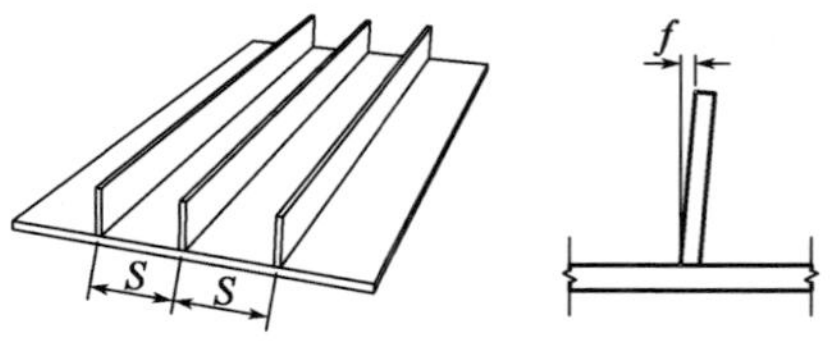
		其他部位	±2	
2	加劲肋垂直度		≤1	
3	横向平面度 f_1		≤2	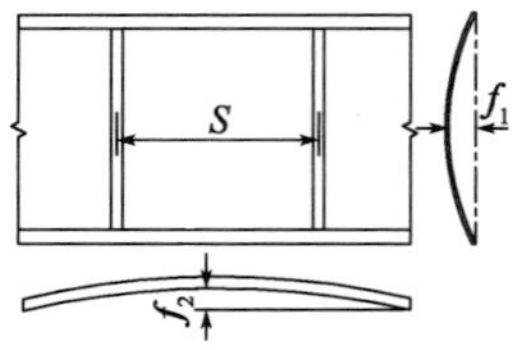
4	纵向平面度 f_2		≤4(4000范围)	
5	四角平面度		≤4	

7.3.7 开口肋加劲板单元组装允许偏差应符合表18的规定。

表18 开口肋加劲板单元组装允许偏差

序号	名称		允许偏差(mm)	简图
1	长度、宽度		±2	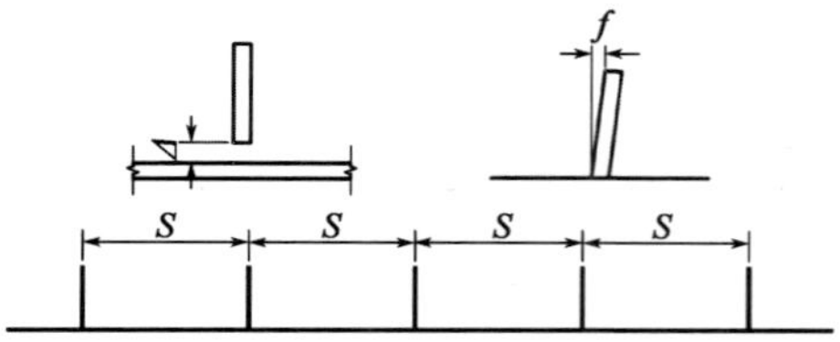
2	板肋组装间隙 Δ		≤1	
3	板肋垂直度 f		≤1	
4	加劲肋间距 S	端部及横隔板处	±1	
		其他部位	±2	

7.3.8 U肋加劲板单元组装允许偏差应符合表19的规定。

表19 U肋加劲板单元组装允许偏差

序号	名称	允许偏差(mm)	简图
1	U肋与桥面板组装间隙 Δ	≤0.5	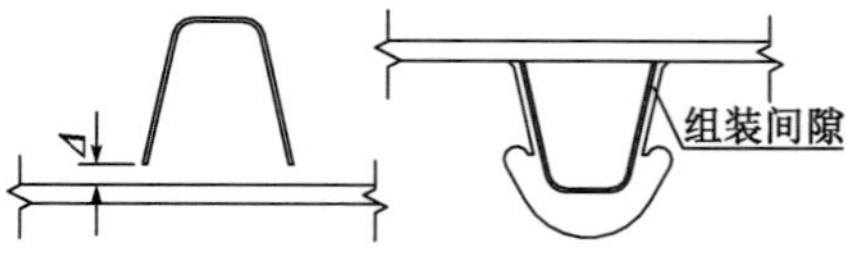 组装间隙
2	U肋与横隔板的组装间隙	≤1	
3	坡口钝边 p	±0.5	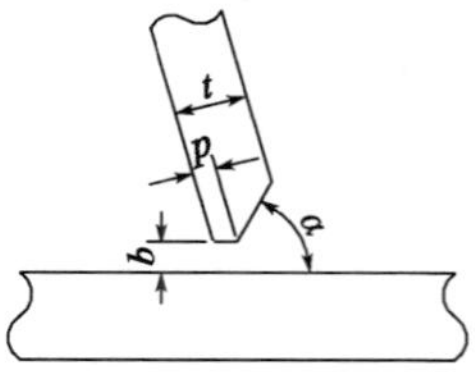
	坡口间隙 b	≤0.5	

表 19　U 肋加劲板单元组装允许偏差(续)

序号	名　　称		允许偏差(mm)	简　　图
4	横隔板与 U 肋间的组装间隙 横隔板弧形缺口棱边打磨倒圆角半径		≥2	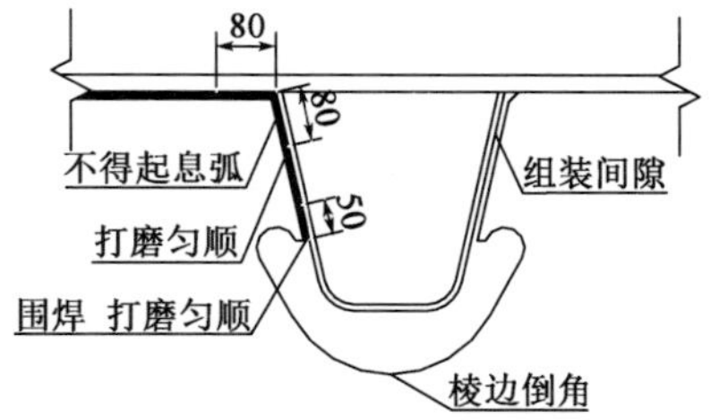
5	加劲肋间距 S_1	端部及横隔板处	±1	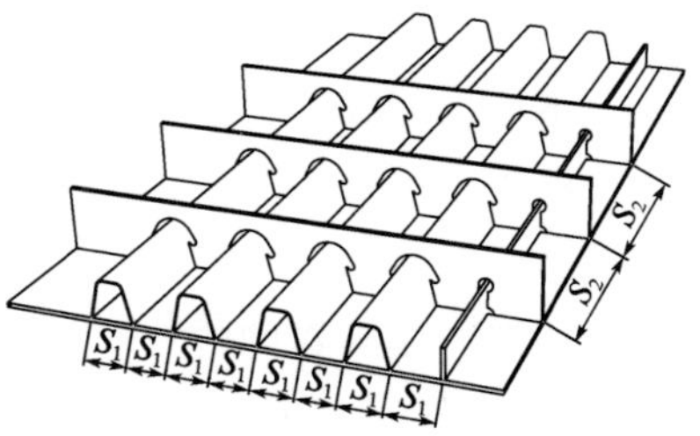
		其他部位	±2	
6	横隔板、横梁、横肋间距 S_2		±2	
7	横隔板、横梁、横肋与桥面板组装间隙 Δ		±2	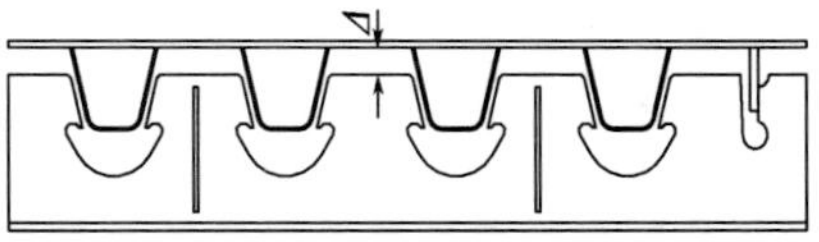
8	横隔板、横梁、横肋垂直度 f	连接部位	≤1	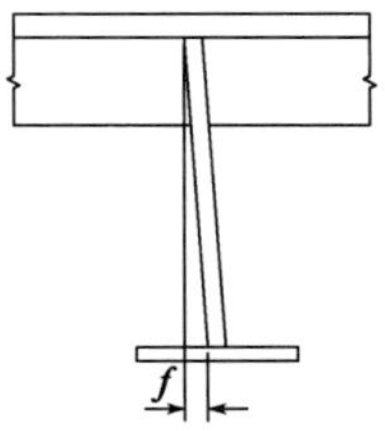
		其他部位	≤1.5	
9	横梁、横肋平面对角线差		$\vert L_1 - L_2 \vert \leq 2$ $\vert L_3 - L_4 \vert \leq 3$	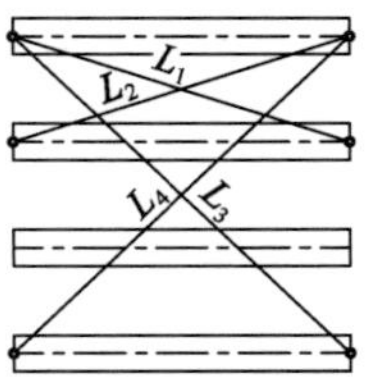

7.4　钢锚箱和钢锚梁构件

7.4.1　钢锚箱加工制造应符合以下规定：

a)　承压板和锚垫板接触面应进行铣面加工，接触面金属接触率采用 0.2mm 的塞尺检查，其塞入面积不超过 25%；承压板与锚垫板应整体镗孔加工。

b)　支撑板与承压板、锚垫板宜先在组装平台上组装成 π 形部件，矫正后与前后支撑板焊接成锚箱单元。

c)　钢套管一端应与承压板焊接，另一端的切割宜采用相贯线切割。

d)　钢锚箱组装允许偏差应符合表 20 的规定。

表 20　钢锚箱组装允许偏差

序号	名　　称	允 许 偏 差	简　　图
1	承压板组装位置 L_1、L_2(mm)	±1.5	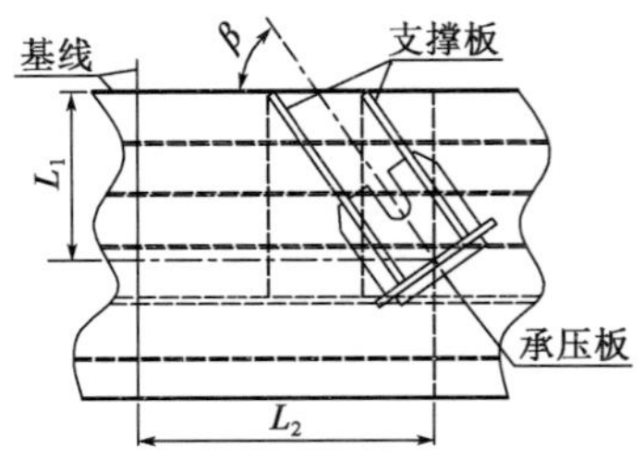
2	支撑板组装角度 β(°)	±0.1	
3	承压板组装角度(90° − β)(°)	±0.1	
4	支撑板与承压板组装间隙(mm)	<0.01t,且≤0.3 (t 为承压板厚度)	

7.4.2　钢锚梁加工制造应满足以下规定:

a)　承压板和锚垫板接触面应进行铣面加工,接触面金属接触率采用 0.2mm 的塞尺检查,其塞入面积不超过 25%;承压板与锚垫板应整体镗孔加工。

b)　钢套管一端应与承压板焊接,另一端的切割宜采用相贯线切割。

c)　钢锚梁组装允许偏差应符合表 21 的规定。

表 21　钢锚梁组装允许偏差

序号	名　　称	允 许 偏 差	简　　图
1	锚固点纵向位置偏差 S_x(mm)	±2	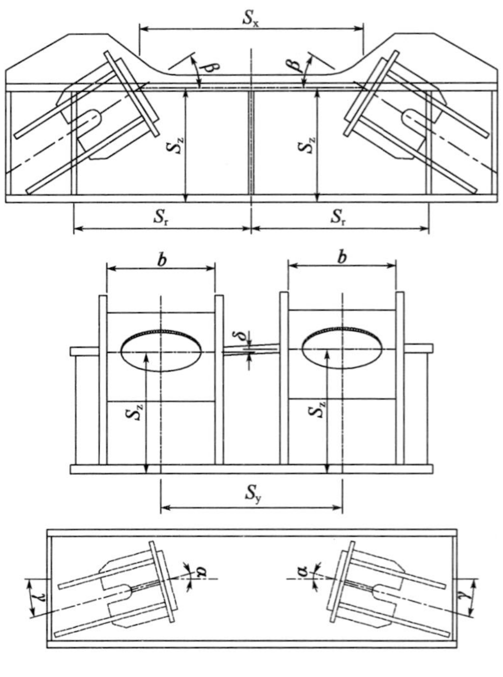
2	锚固点竖向位置偏差 S_z(mm)	+4,0	
3	锚固点横向位置偏差 S_y(mm)	+4,0	
4	锚固点高差 δ(mm)	≤3	
5	腹板间距 b(mm)	+1,0	
6	加劲肋间距 S_r(mm)	±2	
7	锚垫板横向角度 α(°)	±0.1	
8	锚垫板角度 β(°)	±0.1	
9	锚管角度 γ(°)	±0.1	
10	箱体扭曲 Δ(mm)	≤2	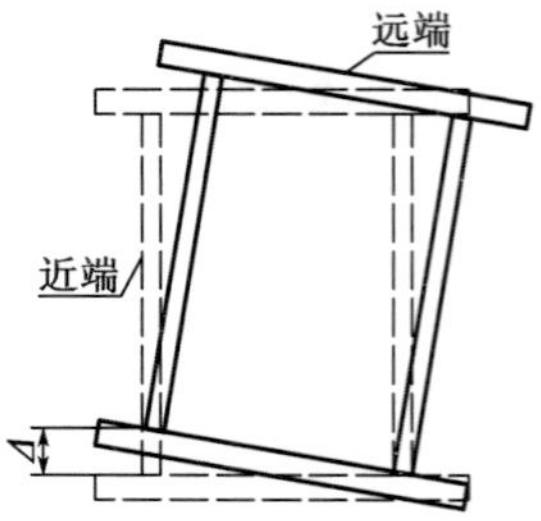

7.4.3 钢牛腿组装允许偏差应满足表22的规定。

表22 钢牛腿组装允许偏差

序号	名称		允许偏差(mm)	简图
1	支撑腹板间距 S_1、S_2	对应锚梁腹板处	±1	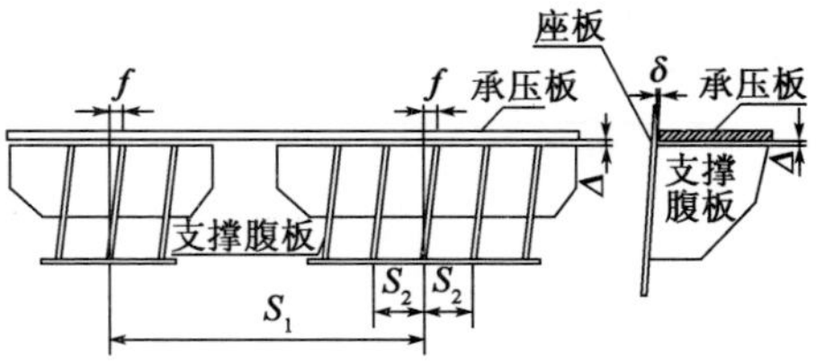
		其他位置	±2	
2	支撑腹板垂直度 f		≤1	
3	承压板与支撑腹板组装间隙 Δ		≤1	
4	座板倾斜度 δ		±1	

7.5 吊耳

7.5.1 耳板与加强板应焊接之后整体镗孔加工。

7.5.2 吊耳组装允许偏差应符合表23的规定。

表23 吊耳组装允许偏差

序号	名称	允许偏差(mm)	简图
1	补强板组装间隙 Δ	≤0.5	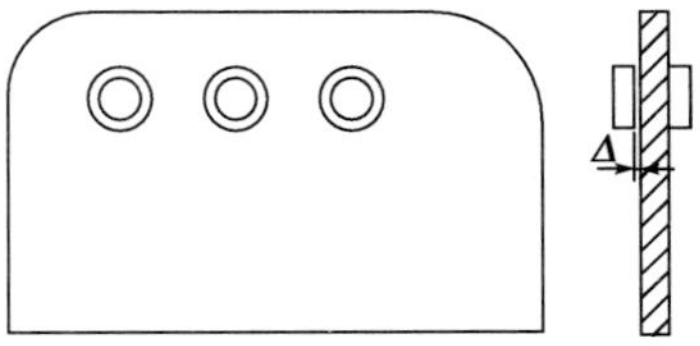

7.6 支承结构

7.6.1 对于焊接支承结构,加劲肋与底板应熔透。

7.6.2 对于磨光顶紧支承结构,加劲肋与底板的接触面应机加工。

7.6.3 支垫板表面应机加工。支垫板与底板宜采用螺栓连接。

7.6.4 支承结构组装允许偏差应符合表24的规定。

表24 支承结构组装允许偏差

序号	名称		允许偏差	简图
1	支座加劲肋间距 S(mm)		±2	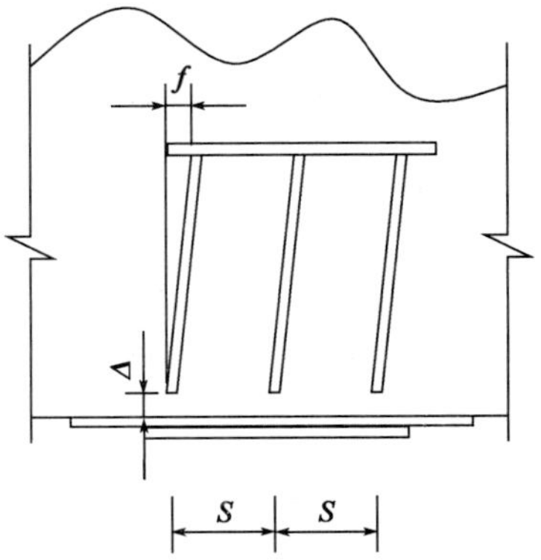
2	支座加劲肋垂直度 f(mm)		≤2	
3	支座加劲肋安装间隙 Δ(mm)	焊接	≤1	
		磨光顶紧	≤0.2	
4	接触率(磨光顶紧)(%)		≥60	

7.7 工形钢梁和槽形钢梁

7.7.1 工形钢梁组装允许偏差应符合表 25 的规定。

表 25 工形钢梁组装允许偏差

序号	名称		允许偏差(mm)	简图
1	高度 h	$h \leq 2000$mm	+2,0	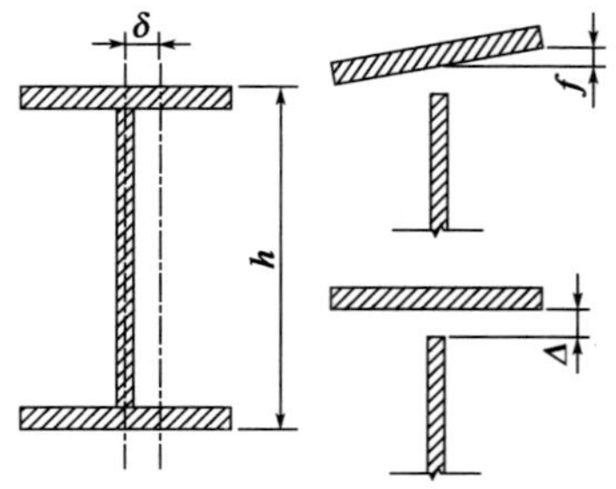
		$h > 2000$mm	+4,0	
2	组装间隙 Δ		≤1	
3	翼板倾斜度 f	端部 1m	≤0.5	
		其他部位	≤1	
4	腹板中心线偏移 δ	端部 1m	≤1	
		其他部位	≤2	

7.7.2 槽形钢梁组装允许偏差应符合表 26 的规定。

表 26 槽形钢梁组装允许偏差

序号	名称		允许偏差(mm)	简图
1	梁高 h	$h \leq 2000$mm	+2,0	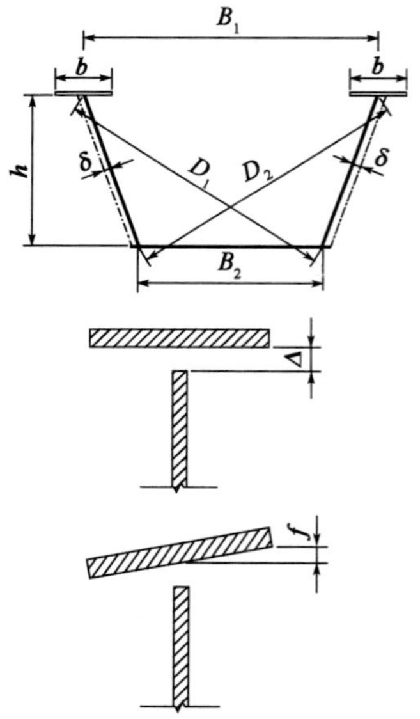
		$h > 2000$mm	+4,0	
2	组装间隙 Δ		≤1	
3	翼上板倾斜度 f	端部 1m	≤0.5	
		其他部位	≤1	
4	腹板中心线偏移 δ	端部 1m	≤1	
		其他部位	≤2	
5	箱形梁宽度 B_1、B_2		±2	
6	横断面对角线 D_1、D_2		±3	

7.8 钢箱梁

7.8.1 钢箱梁节段组装时,应根据设计要求或监控指令设置预拱度。

7.8.2 钢箱梁应采用全长组装或节段连续匹配法组装。采用连续匹配法组装时,每次组装的梁段数量不应少于 3 段。

7.8.3 钢箱梁节段组装允许偏差应符合以下规定:

a) 一般钢箱梁节段组装允许偏差应符合表 27 的规定。

表 27　一般钢箱梁节段组装允许偏差

<table>
<tr><th>序号</th><th colspan="2">名　称</th><th>允许偏差(mm)</th><th>简　图</th></tr>
<tr><td>1</td><td colspan="2">对接错边量 δ</td><td>≤1</td><td rowspan="2"> 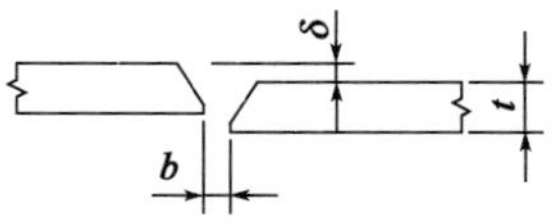</td></tr>
<tr><td>2</td><td colspan="2">衬垫焊接的对接间隙 b</td><td>+2,0</td></tr>
<tr><td>3</td><td colspan="2">组装间隙 Δ</td><td>≤1</td><td> 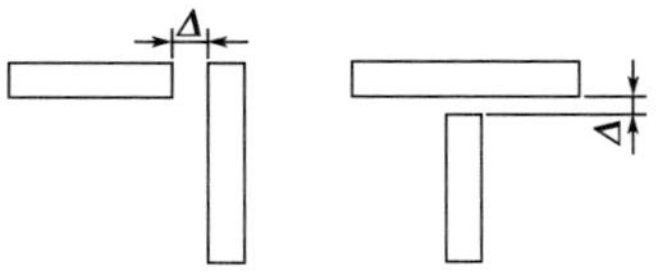</td></tr>
<tr><td>4</td><td colspan="2">顶底板定位偏差</td><td>≤1</td><td></td></tr>
<tr><td>5</td><td colspan="2">顶底板、腹板的纵肋和横肋间距 S</td><td>±1</td><td> 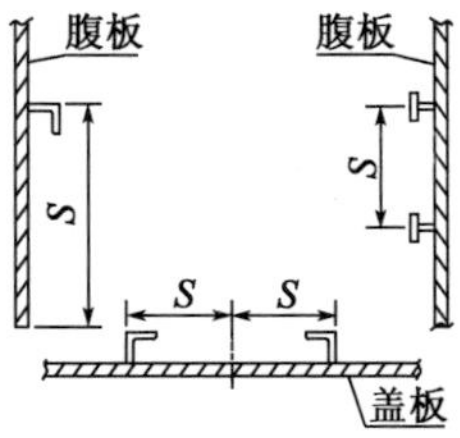腹板
腹板
盖板</td></tr>
<tr><td>6</td><td colspan="2">箱梁横隔板间距 S</td><td>±3</td><td> 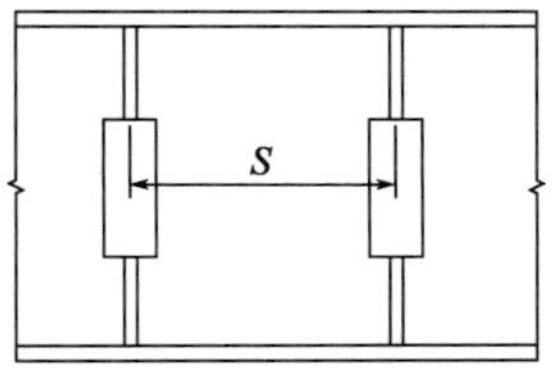</td></tr>
<tr><td rowspan="2">7</td><td rowspan="2">箱梁高度 h</td><td>$h \leq 2000$mm</td><td>+2,0</td><td rowspan="4"></td></tr>
<tr><td>$h > 2000$mm</td><td>+4,0</td></tr>
<tr><td>8</td><td colspan="2">箱梁宽度 b</td><td>±3</td></tr>
<tr><td>9</td><td colspan="2">横断面对角线 D_1、D_2</td><td>±3</td></tr>
</table>

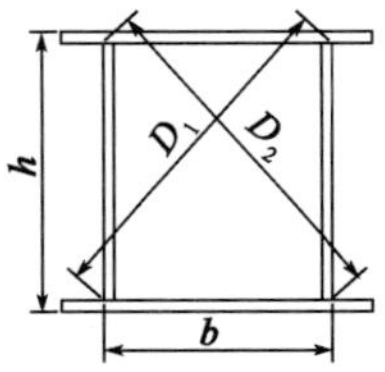

b）大型扁平钢箱梁节段组装允许偏差应符合表 28 的规定。

表 28　大型扁平钢箱梁节段组装允许偏差

<table>
<tr><th>序号</th><th>名　称</th><th>允 许 偏 差</th><th>简　图</th></tr>
<tr><td>1</td><td>对接错边量 δ(mm)</td><td>≤1</td><td rowspan="2"> 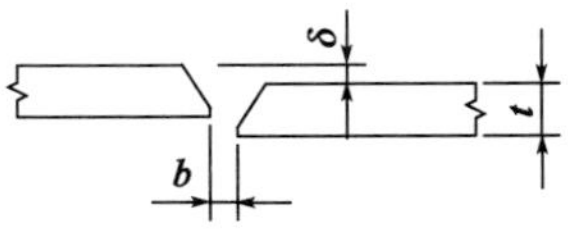</td></tr>
<tr><td>2</td><td>衬垫焊接的对接间隙 b(mm)</td><td>+2,0</td></tr>
<tr><td>3</td><td>组装间隙 Δ(mm)</td><td>≤1</td><td> 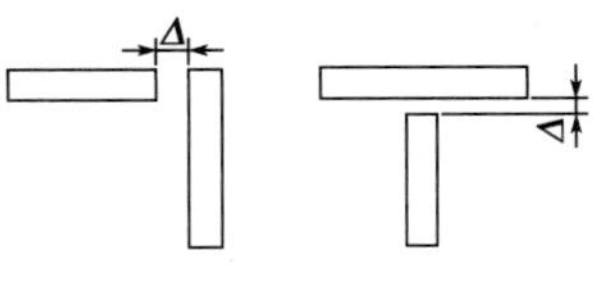</td></tr>
</table>

表 28　大型扁平钢箱梁节段组装允许偏差(续)

序号	名称		允许偏差	简图
4	顶底板板单元定位线与理论值的偏差 δ (mm)		≤1	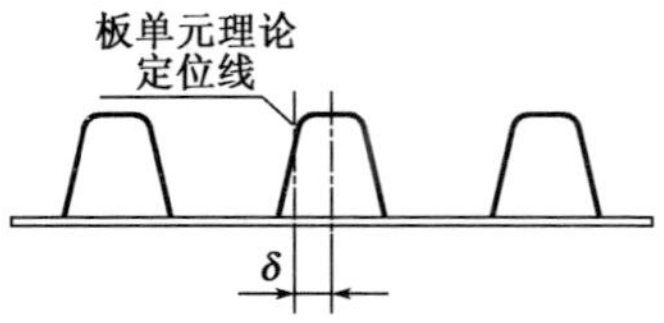
5	梁高度 H(隔板处)(mm)		+3,-1	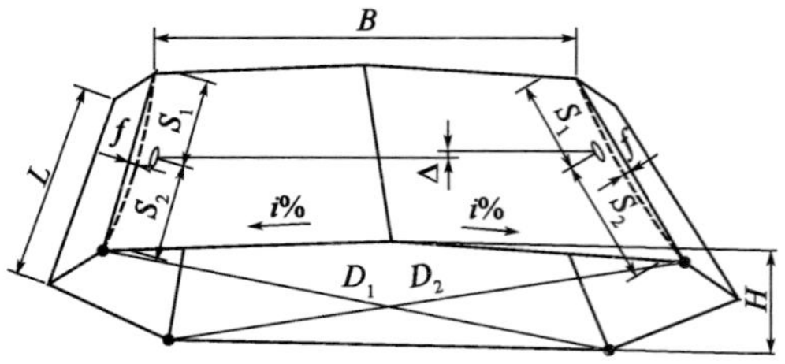
6	梁长度 L(腹板处)(mm)		±2	
7	拼接断面顶、底板宽 B(mm)		+4,-2	
8	其他断面顶、底板宽 B (mm)	$B \leq 12.5$m	+5,-2	
		12.5m < $B \leq 19.5$m	+6,-2	
		B > 19.5m	+8,-2	
9	拼接断面对角线 D_1D_2(mm)		±4	
10	桥面横坡(%)		±0.1	
11	锚固点高差(mm)		≤5	
12	锚固点横向中心距(mm)		±4	
13	锚固点纵向中心距 S_1、S_2(mm)		±2	
14	旁弯 f(mm)		≤5	
15	纵桥向中心线偏差 δ(mm)		±1	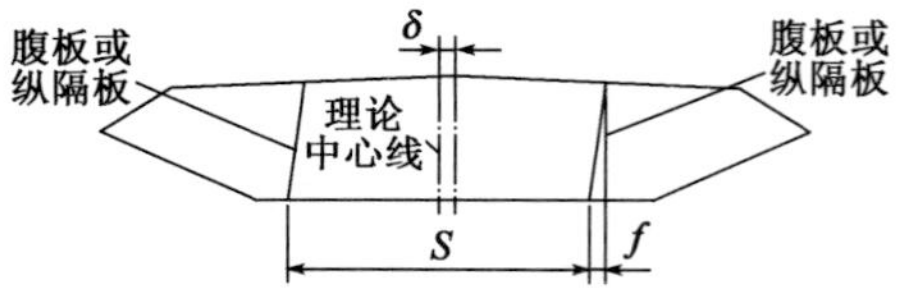
16	腹板或纵隔板间距 S(mm)		±2	
17	腹板或纵隔板垂直度 f(mm)		≤2	
18	横隔板间距 S(mm)		±3	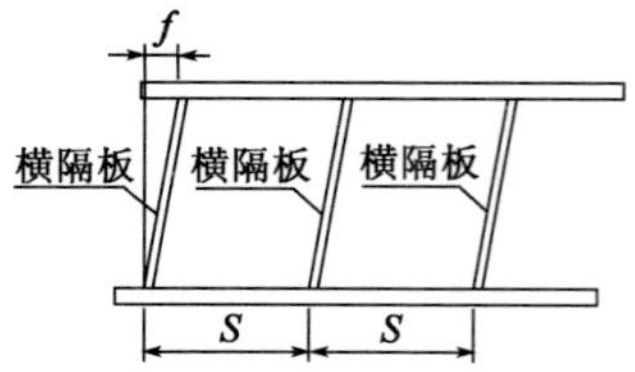
19	横隔板垂直度 f(mm)		≤3	
20	支座垫板	纵向高差 Δ_1(mm)	≤3	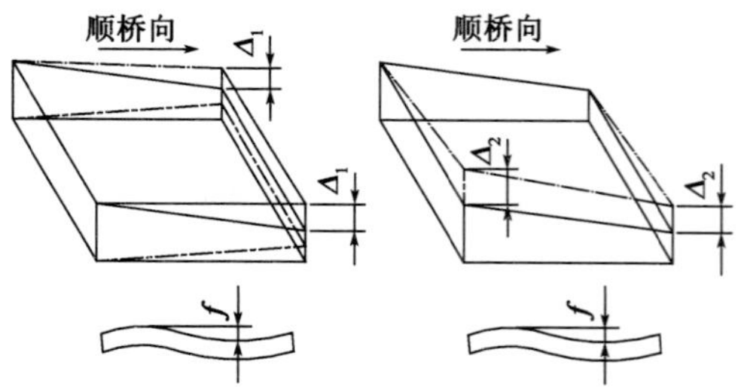
		横向高差 Δ_2(mm)	≤4	
		平面度 f(mm)	≤2	

7.9　钢桁梁

7.9.1　钢桁梁构件组装允许偏差应符合表 29 ~ 表 31 的规定。

表 29　钢桁梁构件组装允许偏差

序号	名　　称		允许偏差(mm)	简　　图
1	对接错边量 δ	$t<25$mm	≤0.5	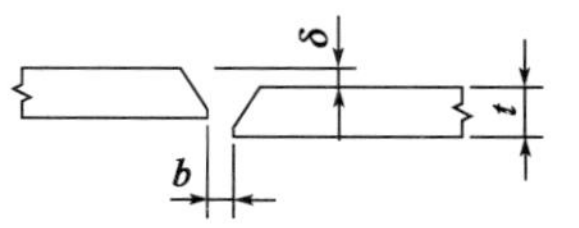
		$t\geqslant25$mm	≤1	
2	对接间隙 b		≤1	
3	盖板中心和腹板中心线的偏移 δ		≤1	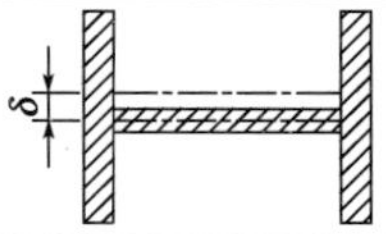
4	板面平面度 f		≤1	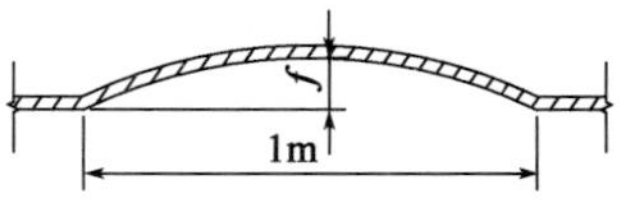
5	盖板对腹板的垂直度 f	连接部位	≤1	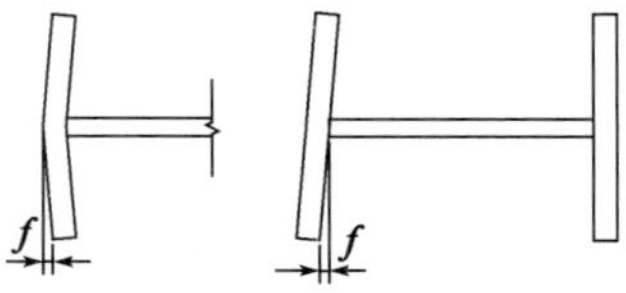
		其他部位	≤2	
6	组装间隙 Δ		≤1	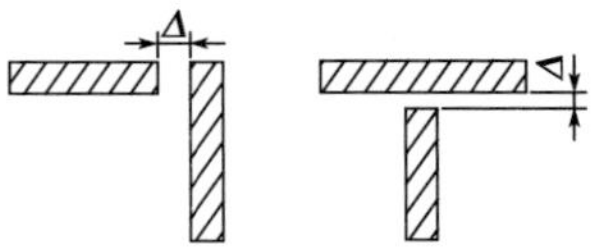
7	高度 h	插入式腹杆	0，-1.5	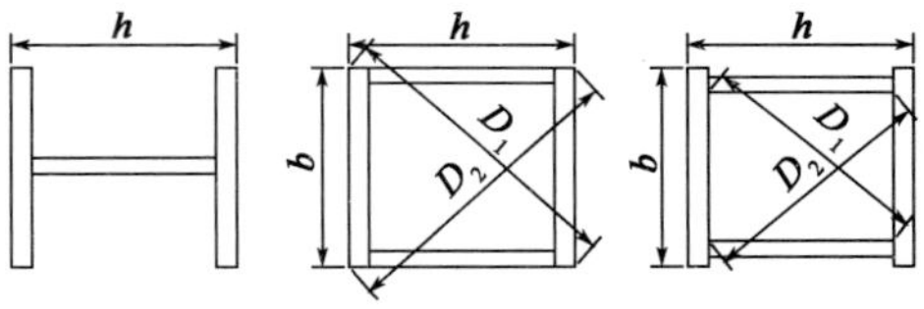
		对拼式腹杆	+1.5,0	
8	宽度 b		±1	
9	箱形构件对角线差 $\|D_1-D_2\|$		≤2	
10	箱形、工形构件扭曲 Δ		≤3	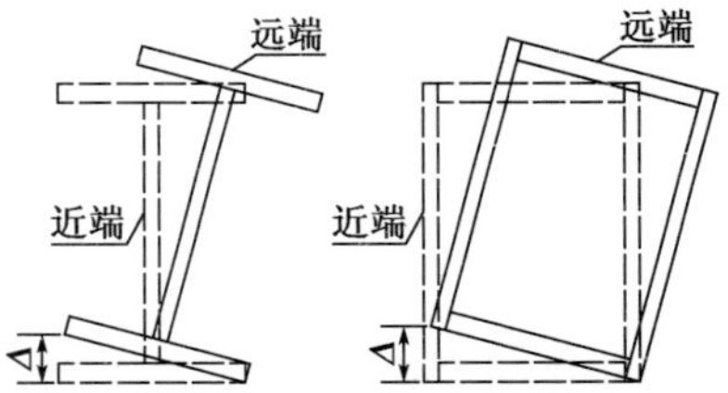
11	箱形、工形构件弯曲 f	$L\leqslant4000$mm	≤2	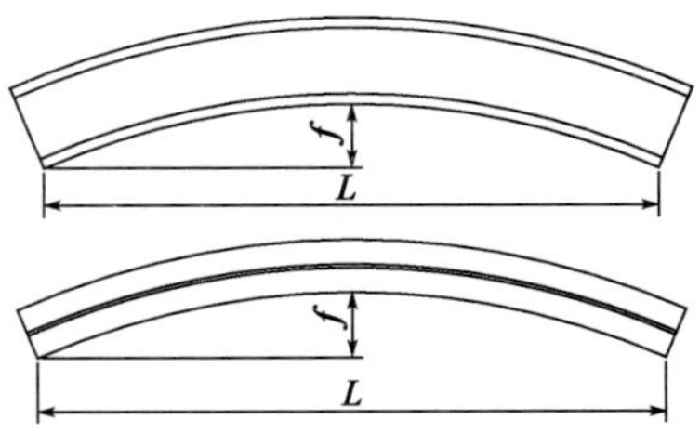
		4000mm $<L\leqslant16000$mm	≤3	
		$L>16000$mm	≤5	
12	磨光顶紧部位局部间隙		≤0.2(磨光顶紧部位全长的75%)	
13	联结系构件高度 h	插入式	-0.5，-1.5	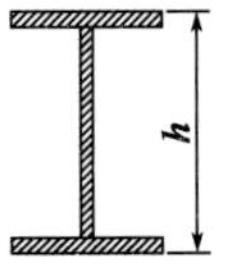
		对接式	+2,0	

表 30 钢桁梁主桁腹杆组装允许偏差

序号	名称	允许偏差(mm)	简图
1	斜、竖杆盖板伸出部位宽度 b	+1.5,0	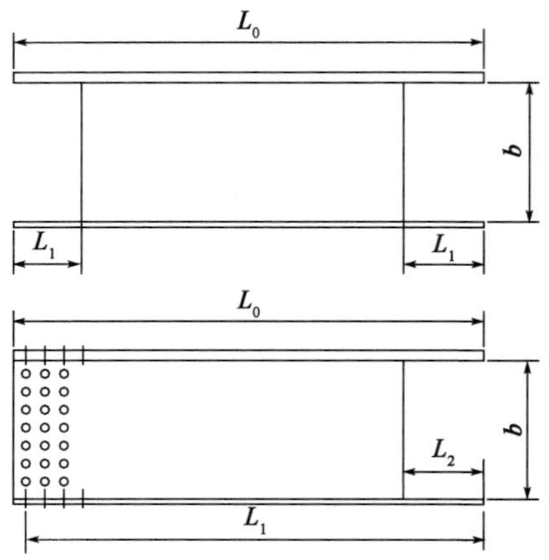
2	斜、竖杆长度 L_0	±2	
3	端排孔中心到盖板对接端头 L_1	±2	
4	盖板伸出长度 L_2	±2	
5	腹板伸出部位宽度 b	0,-2	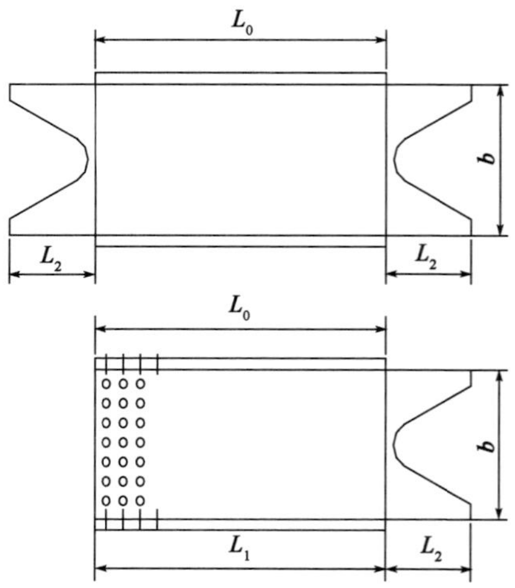
6	端排孔中心到盖板对接端头 L_1	±2	
7	腹板伸出长度 L_2	±3	

表 31 钢桁梁主桁弦杆组装允许偏差

序号	名称	允许偏差(mm)	简图
1	节点中心距 L_1	±2	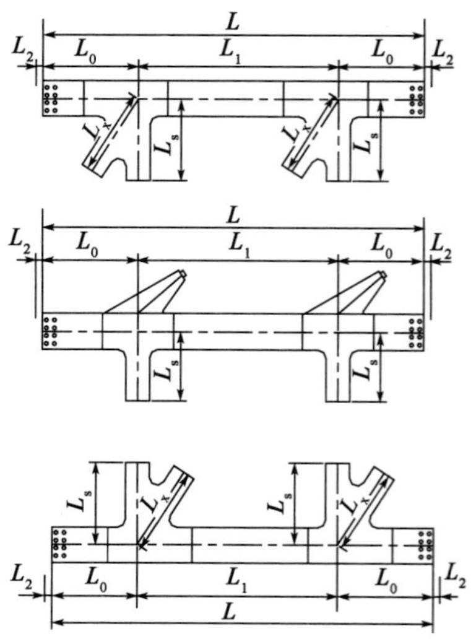
2	极边孔与相邻节点中心距 L_0	±2	
3	极边孔距 L	±1	
4	螺栓连接相邻弦杆端头距 L_2	±1	
5	斜杆、竖杆接头长度 L_x、L_s	±2	

表 31 钢桁梁主桁弦杆组装允许偏差(续)

<table>
<tr><th>序号</th><th colspan="2">名　称</th><th>允许偏差(mm)</th><th>简　图</th></tr>
<tr><td>6</td><td colspan="2">弦杆节点板、腹杆接头板垂直度 Δ</td><td>≤1.5</td><td></td></tr>
<tr><td rowspan="2">7</td><td rowspan="2">弦杆节点板内侧间距 b</td><td>插入式腹杆</td><td>+2, +0.5</td><td rowspan="4">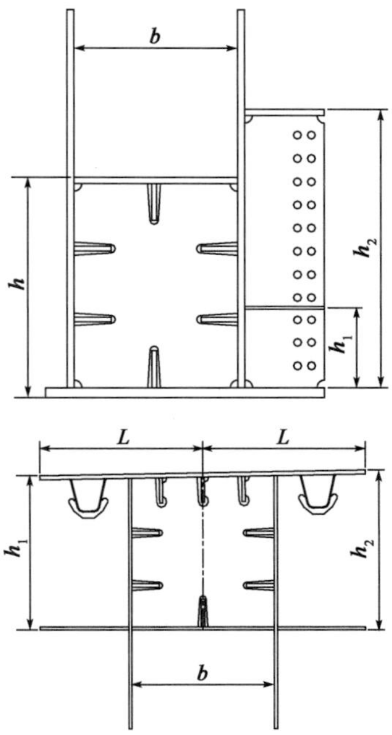</td></tr>
<tr><td>对接式腹杆</td><td>+1.5,0</td></tr>
<tr><td>8</td><td colspan="2">节点弦杆两端口高度 h</td><td>+1,0</td></tr>
<tr><td>9</td><td colspan="2">弦杆平联、横梁接头板高度 h_1、h_2</td><td>+1.5,0</td></tr>
<tr><td rowspan="2">10</td><td rowspan="2">整体式节点内隔板位置</td><td>与腹杆中心线偏差 Δ</td><td>≤0.5</td><td>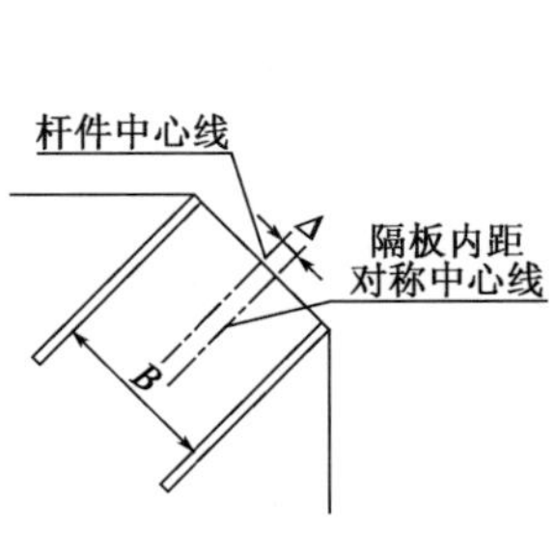</td></tr>
<tr><td>隔板内间距 B</td><td>+1.5,0</td><td></td></tr>
</table>

7.9.2　钢桁梁主桁桁片组装允许偏差应符合表 32 的规定。

表 32　钢桁梁主桁桁片组装允许偏差

序号	名称		允许偏差(mm)	简图
1	长度 L	弦杆栓接	±2	注：检测点为构件系统线与构件极边孔中心线的交点。
		弦杆焊接	+3，−1	
2	桁高 H	腹杆栓接	±2	
		腹杆焊接	+3，−1	
3	对角线差 $\|L_2-L_3\|$		≤5	
4	端排孔中心与相邻节点中心距 L_0		±2	
5	节点中心距 L_1		±2	
6	1/2 斜杆孔群接口位置 H_1		±2	
7	腹杆盖板接口错位		≤2	
8	平面度		≤3	
9	桁片平面外弯曲		≤4	
10	扭曲	弦杆、腹杆工地接口	≤2	
		桁片	≤3	

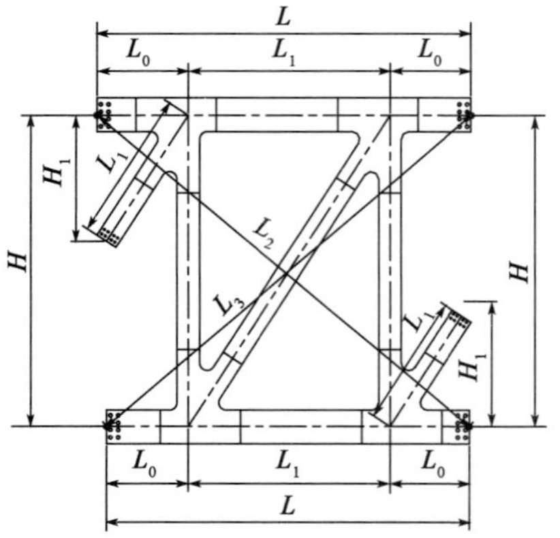

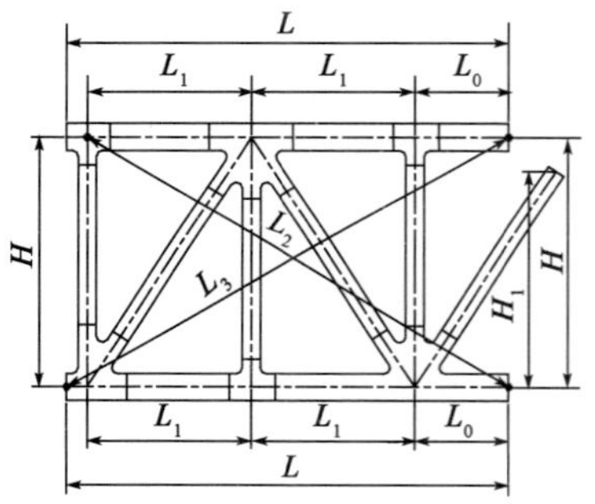

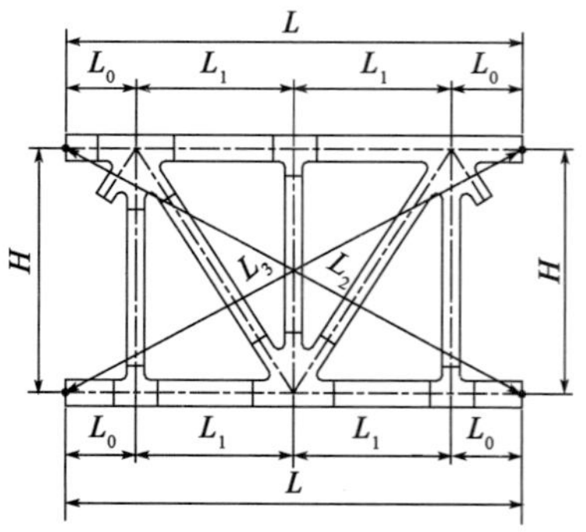

7.9.3　钢桁梁横联桁片组装允许偏差应符合表 33 的规定。

表 33　钢桁梁横联桁片组装允许偏差

序号	名　　称	允许偏差(mm)	简　　图
1	长度 L	+3,0	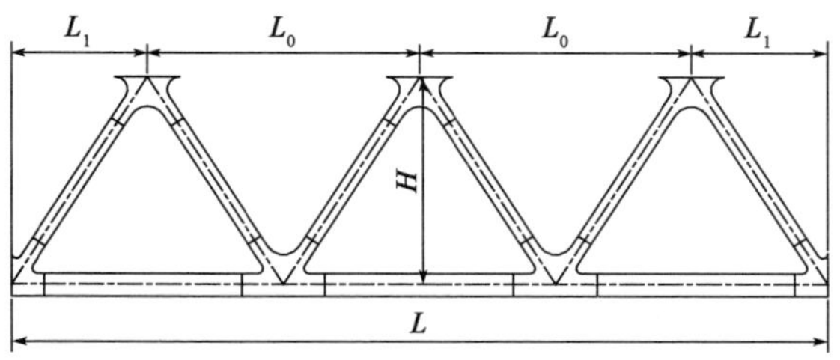
2	桁高 H	+3,0	
3	节点间距 L_0、L_1	±2	
4	腹杆盖板接口横向错位	≤2	
5	平面度	≤3	
6	桁片平面外弯曲	≤3	
7	扭曲	≤4	

7.10　钢箱拱

7.10.1　钢箱拱应采用全长组装或节段连续匹配法组装。采用连续匹配法组装时，每次组装的节段数量不宜少于 5 段。

7.10.2　钢箱拱节段组装允许偏差应符合表 34 的规定。

表 34　钢箱拱节段组装允许偏差

序号	名　　称			允许偏差(mm)	简　　图
1	长度 L			+3，−1	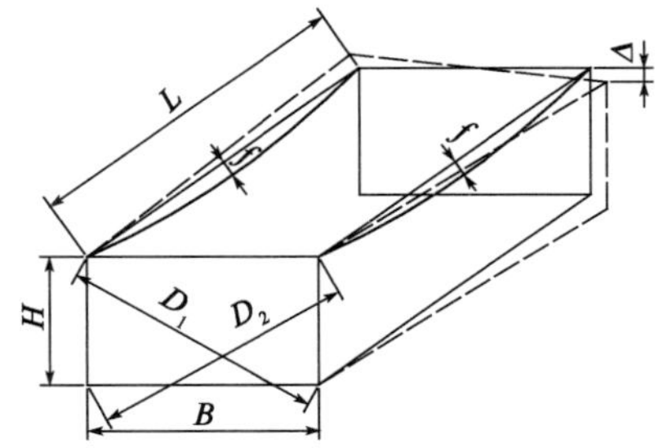
2	宽度 B			+3，−1	
3	高度 H			+4,0	
4	端口对角线差 $\|D_1-D_2\|$			≤3	
5	轴线偏差			≤5	
6	扭曲 Δ			≤3	
7	节段旁弯 f			≤3	
8	端面垂直度			≤3	
9	横隔板	垂直度 Δ	吊点	≤2	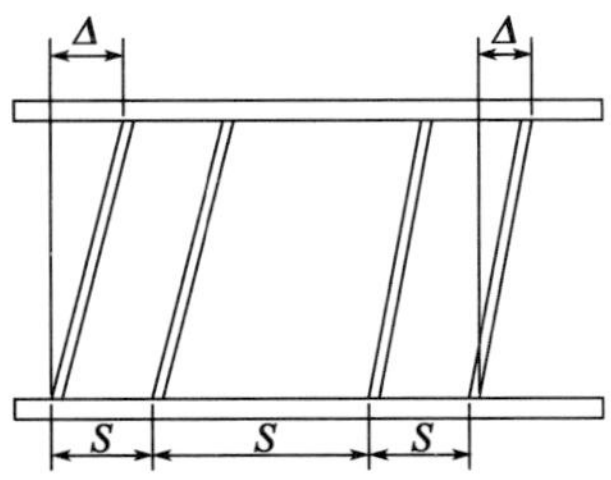
			非吊点	≤3	
		间距 S		±3	
10	壁板	纵肋间距 S		±2	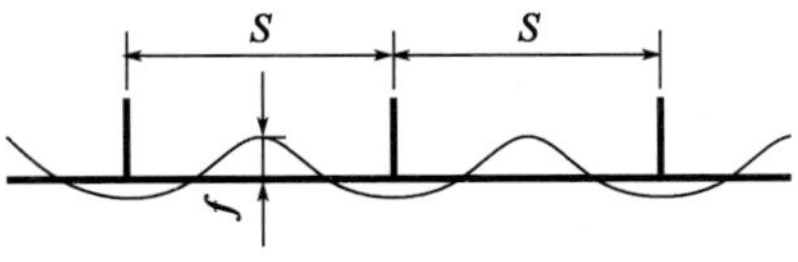
		平面度 f		≤2	

7.11 钢桁拱

7.11.1 钢桁拱构件组装允许偏差应符合表29～表31的规定。
7.11.2 钢桁拱主桁桁片组装允许偏差应符合表32的规定。
7.11.3 钢桁拱横联桁片组装允许偏差应符合表33的规定。

7.12 钢塔

7.12.1 钢塔应采用全长组装或节段连续匹配法组装。采用连续匹配法组装时，每次组装的节段数量不宜少于5段。
7.12.2 钢塔节段组装允许偏差应符合表35的规定。

表35 钢塔节段组装允许偏差

<table>
<tr><th>序号</th><th colspan="2">名　称</th><th>允许偏差</th><th>简　图</th></tr>
<tr><td>1</td><td colspan="2">长度 L(mm)</td><td>+3，-1</td><td rowspan="8">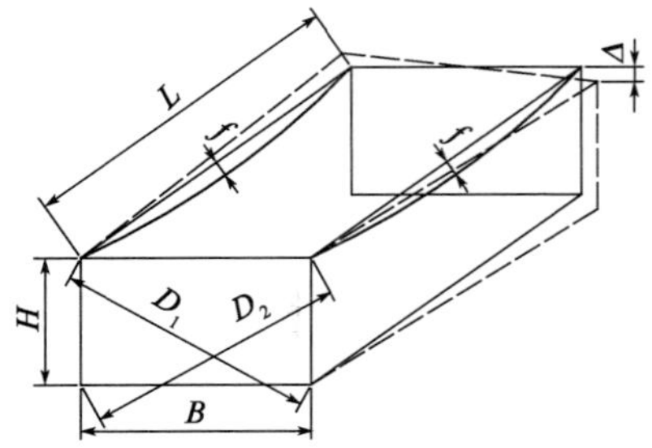
</td></tr>
<tr><td>2</td><td colspan="2">宽度 B(mm)</td><td>+3，-1</td></tr>
<tr><td>3</td><td colspan="2">高度 H(mm)</td><td>+4,0</td></tr>
<tr><td>4</td><td colspan="2">端口对角线差 $|D_1-D_2|$(mm)</td><td>≤3</td></tr>
<tr><td>5</td><td colspan="2">轴线偏差(mm)</td><td>≤5</td></tr>
<tr><td>6</td><td colspan="2">扭曲 Δ(mm)</td><td>≤3</td></tr>
<tr><td>7</td><td colspan="2">钢塔节段旁弯 f(mm)</td><td>≤3</td></tr>
<tr><td>8</td><td colspan="2">端面垂直度(″)</td><td>≤25</td></tr>
<tr><td rowspan="2">9</td><td rowspan="2">横隔板</td><td>垂直度 Δ(mm)</td><td>≤2</td><td rowspan="2">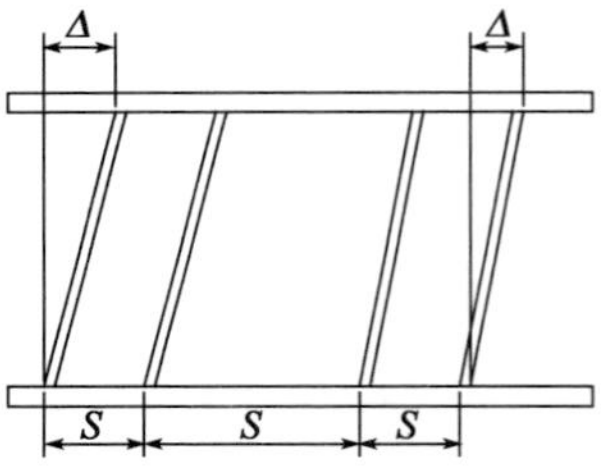
</td></tr>
<tr><td>间距 S(mm)</td><td>±2</td></tr>
<tr><td rowspan="2">10</td><td rowspan="2">壁板</td><td>纵肋间距 S(mm)</td><td>±2</td><td rowspan="2">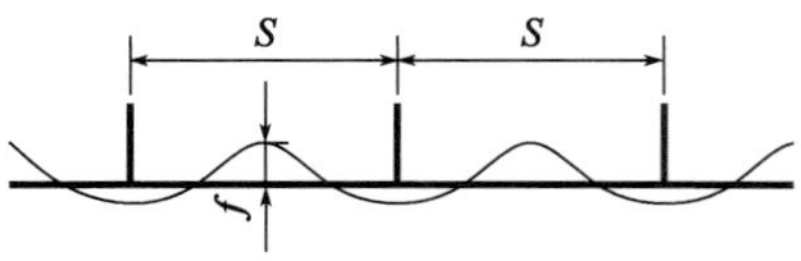
</td></tr>
<tr><td>平面度 f(mm)</td><td>≤2</td></tr>
</table>

8 焊接与矫正

8.1 一般规定

8.1.1 焊接施工单位应具有焊接质量管理体系，以及与所承担的焊接工程相适应的焊接、检验和试验设备，仪器、仪表应经计量检定、校准合格且在有效期内。
8.1.2 焊接技术人员应接受过专门的焊接技术培训，进行技术资格考试，并取得相应的资格证书；焊工应按所持钢结构资格证书的范围按照焊接工艺文件的要求施焊。

8.1.3 焊接工程相关人员的安全、健康及作业环境应遵守国家现行安全健康相关标准的规定。

8.1.4 钢材焊接应按本指南附录B的要求进行钢材焊接工艺评定试验。圆柱头焊钉焊接按本指南附录C的要求进行圆柱头焊钉焊接工艺评定试验。

8.1.5 焊接施工前,制造单位应制定焊接工艺文件用于指导焊接施工,工艺文件应根据焊接工艺评定试验报告和设计文件进行制定,焊接工艺文件至少应包括下列内容:

a) 焊接方法及焊接方法的组合;

b) 母材的规格、牌号、厚度;

c) 填充金属的规格、类别和型号;

d) 焊接接头形式、坡口形式、尺寸及其允许偏差;

e) 焊接位置;

f) 焊接电源的种类和电流极性;

g) 清根处理,或衬垫形式及规格;

h) 焊接工艺参数,包括焊接电流、焊接电压、焊接速度、焊层和焊道分布等;

i) 预热温度及焊道间温度范围;

j) 其他必要的规定。

8.1.6 施焊前应按加工图及工艺文件检查坡口尺寸、根部间隙等,如不满足要求应进行处理和修正,使其满足焊接工艺要求。

8.1.7 施焊前应检查并确认所使用设备的工作状态正常,仪表良好,齐全可靠,方可施焊。宜使用信息化、自动化程度高、高效的焊接设备。

8.1.8 施焊前应彻底清除待焊区域内的有害物,清理范围和清理要求应符合本指南7.1.4的规定。焊接时不应在母材的非焊接部位引弧;焊接过程中,宜彻底清除每一焊道间的熔渣和飞溅;焊接后应清理焊缝表面的熔渣及两侧的飞溅。

8.1.9 主要构件应在组装后24h内焊接。

8.1.10 焊前预热温度应通过焊接工艺评定确定;预热范围为焊缝每侧50mm~80mm,在距离焊缝30mm~50mm范围内测温。

8.1.11 多层焊接时宜连续施焊,且应控制道间温度,每一道焊接完后应及时清理、检查,应清除药皮、熔渣、溢流和其他缺陷,检查合格后方可进行下一道焊接。

8.1.12 对接焊缝宜在焊缝两端装配焊缝引板,埋弧焊时引板长度不应小于80mm,CO_2气体保护焊或手工焊时引板长度不应小于25mm。焊后应割除引板,并磨平切口,不得损伤母材。

8.1.13 正交异性钢桥面板纵肋与顶板的焊缝宜采用自动化焊接设备进行施工,U肋与顶板的焊缝宜熔透。

8.1.14 不设衬垫的全熔透焊缝应从反面进行清根,清根后的凹槽应形成不小于10°的U形坡口。碳弧气刨清根应符合下列规定:

a) 碳弧气刨工的技能应满足清根操作技术要求;

b) 刨槽表面应光洁,无夹碳、粘渣等;

c) 强度大于370MPa的钢材及调质钢在碳弧气刨后,应使用砂轮打磨刨槽表面,去除渗碳淬硬层及残留熔渣。

8.1.15 焊工施焊时,应严格按焊接工艺文件的要求施焊,不得随意改变焊接工艺参数。焊接后应做焊接记录,记录的内容包括构件号、焊缝部位、焊缝编号、焊接参数、操作者、焊接日期等。

8.2 焊接工艺评定

8.2.1 应由钢结构制造单位根据焊接接头形式,钢材类型、规格,采用的焊接方法,焊接位置等,按本指南附录B和本指南附录C的规定制定焊接工艺评定方案,拟定相应的焊接工艺评定指导书。

8.2.2 焊接工艺评定的环境应反映工程施工现场的条件。

8.2.3 焊接工艺评定所用设备、仪表的性能应处于正常工作状态，焊接工艺评定所用的钢材、焊钉、焊接材料应能覆盖实际工程所用材料并应符合相关标准要求，并应具有生产厂出具的质量证明文件。

8.2.4 焊接工艺评定试件，应由该工程钢结构制造单位中持证的实际焊接人员按焊接工艺评定方案要求施焊，监理工程师应全过程见证施焊作业。

8.2.5 应按本指南附录B.3的规定进行焊接质量试验和评定，监理工程师应全过程见证试样的取样和送检，由具有相应资质的检测单位进行检测试验和出具检测报告。

8.2.6 钢结构制造单位应根据设计文件、焊接工艺评定方案、检测试验报告等编制焊接工艺评定报告，对于制造工艺较复杂的工程宜组织焊接工艺评定专家评审，焊接工艺评定报告应报请监理单位审批。

8.3 焊接环境

8.3.1 工厂焊接宜在室内进行，室外焊接时应采取防风、防雨措施。施焊环境相对湿度不应大于80%。当焊接作业处于下列情况之一时不得焊接：

a） 焊接作业区的相对湿度大于80%；

b） 焊件表面潮湿或暴露于雨、冰、雪中；

c） 焊接作业条件不符合《焊接与切割安全》（GB 9448）的有关规定。

8.3.2 焊条电弧焊和自保护药芯焊丝电弧焊，其焊接作业区最大风速不宜超过8m/s，气体保护电弧焊不宜超过2m/s。如果超出上述范围，应采取有效措施以保障焊接电弧区域不受影响。

8.3.3 焊接环境温度不应低于焊接工艺评定试验时试件焊接的环境温度，否则应采取加热或防护措施，在焊接过程中确保接头焊接处各方向不小于2倍板厚且不小于100mm范围的母材温度不应低于工艺文件要求的最低预热温度，且不应低于20℃。

8.4 定位焊

8.4.1 应由持相应资格证书的焊工或自动定位焊接机进行定位焊的施焊，所用焊接材料应与正式焊缝的焊接材料相匹配。

8.4.2 定位焊缝至设计焊缝端部的距离不宜小于50mm，定位焊的焊缝长以50mm～100mm为宜，间距400mm～600mm，定位焊缝的焊脚尺寸不宜小于3mm，且不应大于设计焊脚尺寸的1/2。

8.4.3 定位焊缝不应有裂纹、气孔、夹渣、焊瘤等缺陷，否则应处理。如有焊缝开裂应查明原因，然后再清除开裂的焊缝并在保证构件尺寸正确的条件下重焊。

8.4.4 采用钢衬垫的焊接接头，定位焊宜在接头坡口内进行；定位焊焊接时预热温度宜高于正式施焊预热温度20℃～50℃；定位焊缝与正式焊缝应具有相同的焊接工艺和焊接质量要求。

8.5 自动埋弧焊

8.5.1 焊剂的烘焙应符合下列要求：

a） 使用前应按厂家推荐的温度进行烘焙，已受潮或结块的焊剂不得使用；

b） 烘焙后在大气中放置时间不应超过4h，当焊剂从烘焙箱中取出超过4h，应重新烘焙方可使用，烘焙次数不宜超过2次。

8.5.2 焊丝表面应无油污、锈蚀。

8.5.3 自动埋弧焊应在引弧板上引弧和在熄弧板上熄弧，引弧或熄弧点距设计焊缝端部不宜小于60mm。

8.5.4 自动埋弧焊焊接过程中不宜断弧，如有断弧则应将停弧处刨成1∶5斜坡，并搭接50mm引弧施焊，焊后搭接处应修磨匀顺。

8.5.5 自动埋弧焊焊接过程中，应待焊缝冷却后清除熔渣。采用细丝或粗丝焊接的焊缝，埋弧自动焊清除熔渣位置至熔池的距离分别不应小于 0.5m 和 1m。

8.6 气体保护焊

8.6.1 焊丝表面应无油污、锈蚀。
8.6.2 CO_2 气体保护焊的 CO_2 气体纯度应大于 99.5%。
8.6.3 气体保护焊应在引弧板上引弧和在熄弧板上熄弧，引弧或熄弧点距设计焊缝端部不宜小于 15mm。

8.7 手工焊条焊

8.7.1 焊条的保存、烘焙应符合下列要求：

a) 酸性焊条保存时应有防潮措施，受潮的焊条使用前应在 100℃ ~150℃范围内烘焙 1h ~2h。

b) 低氢型焊条应符合下列要求：

1) 焊条使用前应在 300℃ ~430℃范围内烘焙 1h ~2h，或按厂家提供的焊条使用说明书进行烘焙。焊条放入时，烘箱的温度不应超过规定最高烘焙温度的一半，烘焙时间以烘箱达到规定最高烘焙温度后开始计算。

2) 烘焙后的低氢焊条应放置于温度不低于 120℃的保温箱中存放、待用；使用时应置于保温筒中，随用随取。

3) 焊条烘焙后在大气中放置时间不应超过 4h，当焊接材料从烘焙箱中取出超过 4h，应重新烘焙方可使用，烘焙次数不宜超过 2 次。

8.7.2 手工焊应在引弧板上引弧和在熄弧板上熄弧，引弧或熄弧点距设计焊缝端部不宜小于 25mm。

8.8 圆柱头焊钉焊接

8.8.1 应通过焊接工艺评定确定圆柱头焊钉焊接工艺。焊接工艺评定应符合本指南附录 C 的规定，并应编制焊接工艺指导书。施焊时，应严格按照焊接工艺指导书进行，不得随意更改焊接工艺参数。
8.8.2 圆柱头焊钉的焊接应由经过圆柱头焊钉焊接培训、考试合格的焊工进行。
8.8.3 焊接前应清除圆柱头焊钉头部及钢板待焊部位(大于 2 倍圆柱头焊钉直径)的铁锈、氧化皮、油污、水分等有害物，露出金属光泽。
8.8.4 瓷环应按规定要求烘焙使用，受潮的瓷环在使用前应在 150℃的烘箱中烘焙 2h。
8.8.5 圆柱头焊钉的焊接宜采用焊钉专用焊接设备焊接，施焊前应检查所用设备和工具，确保设备能正常工作。采用焊钉专用焊接设备无法施焊的少量焊钉可采用手工焊接。
8.8.6 圆柱头焊钉宜平位施焊，在焊缝金属完全凝固前不应移动焊枪。当环境温度低于 0℃，或相对湿度大于 80%，或钢板表面潮湿时，不得焊接圆柱头焊钉。

8.9 正交异性钢桥面板 U 肋与顶板的焊接

8.9.1 宜采用自动化生产线进行正交异性钢桥面板 U 肋与顶板的组拼和焊接，应根据焊缝形式合理选择自动化生产组拼和焊接的设备和工艺。U 肋与顶板的单侧部分熔透焊可采用气体保护焊或者埋弧焊焊接工艺。U 肋与顶板的双侧部分熔透焊和双侧全熔透焊可采用“内侧埋弧焊 + 外侧埋弧焊”“内侧气体保护焊 + 外侧埋弧焊”“内侧气体保护焊 + 外侧气体保护焊(深熔焊)”的焊接工艺。
8.9.2 U 肋与顶板的单侧部分熔透焊自动化生产线应满足以下要求：

a) U 肋与顶板的装配应在自动化 U 肋装配流水线上进行，采用 U 肋焊接机器人自动焊接。

b) 流水线宜配置两个装配焊接工位，集底板除尘打磨、划线、液压定位、装配点焊、烟尘回收为一体，对称施焊，确保 U 肋装配精度。

c） 流水线宜配置液压翻转反变形胎架或自动焊接机器人专业反变形胎架。

d） U 肋焊接机器人应具备如下功能：

1） 宜采用三维模型离线编程，模拟运行焊接程序，建立焊接专家数据库，提高焊接机器人效率。

2） 具有高性能电弧跟踪功能，对焊缝左右和上下两个方向进行跟踪和跟踪结果的记忆。

3） 具有接触传感功能，以焊嘴为检测工具，能够实现焊接起始点传感和终点传感，并能在坡口内部进行传感功能，检测坡口幅宽变化并能自动调整焊枪摆动幅度及熔敷量。

4） 控制系统能够实时对各个环节检测，当误操作或者程序异常时，能够立即终止程序，把错误信息及时地反映到显示屏中。

e） 在首件组装前应对 U 肋板单元组装专用胎架进行检验，合格后方可使用。

f） 顶板铺设在平台上后，需对线并检查其平面度，然后用临时定位装置在两端固定。

g） U 肋与顶板间应采用坡口角焊缝焊接。横隔板与顶板宜采用角焊缝焊接或坡口角焊缝焊接。横隔板与 U 肋宜采用角焊缝焊接。横隔板与顶板以及横隔板与 U 肋的焊缝，从顶板到 U 肋应连续施焊至弧形缺口端部，在 U 肋与顶板交接处 80mm 范围内不应起熄弧。横隔板与 U 肋间焊缝在距离弧形缺口 50mm 范围，宜在横隔板上开双面坡口，按 1：8 的坡度平顺过渡，在弧形缺口端部围焊，同时应打磨匀顺。

8.9.3 U 肋与顶板的双侧部分熔透焊自动化生产线应满足以下要求：

a） 加劲肋与顶板的双面焊，应采用自动化焊接设备进行焊接。U 肋与顶板内侧应采用内焊机器人进行焊接，外侧采用焊接机器人、门式多头自动焊接机或角焊缝小车进行焊接。

b） U 肋内焊机器人应满足以下要求：

1） 应具有板单元自动定位及中心线对齐功能，连续焊接焊缝长不小于板单元长度，可进行多根 U 肋同时焊接。

2） 适用零件规格：U 肋中心间距≥400mm，内部高度≥240mm，内部底宽≥260mm，内部顶宽≥160mm。

3） 应具有除烟尘以及内焊缝在线视频监控功能，并能存储焊缝监控视频。

c） 焊接机器人应满足以下要求：

1） 应具有 U 肋板单元、腹板单元、隔板单元主要焊缝的自动化焊接功能。

2） 应配有行走轨道组件、液压翻转反变形胎架、机器人焊接机。胎架翻转角度范围不小于 ±30°，单个胎架承重能力不小于 30t。焊接机器人宜具备多把独立焊枪，焊枪应可 720°旋转。

d） 门式多头自动焊接机应满足以下要求：

1） 应具有 U 肋板单元、板肋板单元主要焊缝的自动化焊接功能。

2） 门式多头自动焊接机可以采用“翻转斜胎架门式多头自动焊接机”或“固定平胎架门式多头自动焊接机”。应具有焊缝自动跟踪功能，宜具有多根加劲肋同时焊接功能。

3） 适用零件规格：工件长度≤20m，工件宽度≤4m，工件高度 100 ~ 400mm。

e） 角焊缝小车应具有 U 肋板单元、腹板单元、隔板单元角焊缝的自动化焊接功能。

f） 焊接材料和工艺，应由焊接工艺评定试验确定。焊接时应严格执行焊接工艺，不得随意改变焊接工艺参数。

8.9.4 U 肋与顶板的“内侧气体保护焊 + 外侧深熔焊”全熔透焊接自动化生产线应满足以下要求：

a） “内侧气体保护焊 + 外侧深熔焊”全熔透焊接工艺的主要设备包括 U 肋内焊专用机和外侧深熔焊机。U 肋与顶板内侧应采用内焊专用机进行焊接，外侧采用深熔焊机进行焊接。

b） 板单元 U 肋内焊专用机性能要求如下：

1） 板单元 U 肋内焊专用机龙门驱动采用伺服电机驱动精密减速机，要求行走定位准确，速度无级可调，运行过程可靠、平稳、无爬行。

2） 板单元U肋内焊专用机气保焊机头主要由水冷焊枪、焊枪调整装置、机械跟踪机构、粗跟踪机构、支撑机构等组成。气保焊机头经过特殊设计可进入到U肋内部，通过跟踪机构和上下、左右两个方向的机械跟踪机构，使枪尖始终对准工件焊缝。

3） U肋内焊机器人宜配备多把焊枪，可对U肋内部双侧角焊缝进行同步焊接，内置高清摄像头的视频监控系统可实时观测内部焊缝成形，形成焊接图像文件，供随时查阅。

4） 焊接过程中推丝机与拉丝机协同动作，保证稳定可靠的送丝，进而保证焊接质量。

5） 具有短路保护、过热保护、电网异常保护等功能。可通过数显报警号识别报警原因，并能记录报警履历。

6） 具有故障错误代码报警显示功能，方便诊断故障类型。

c） 板单元U肋外侧深熔焊机性能要求如下：

1） 应具有焊接波形自动控制功能，并且具有抗干扰能力，保证整体系统可靠性。

2） 具备脉冲弧长控制（ALC）功能，要求脉冲周期均匀、电弧稳定。

3） 具有焊接参数记忆功能，可保存焊接参数库，焊接时可直接调用。

4） 电弧强度多挡可调，可进行大熔深焊接。

d） 焊接材料应通过焊接工艺试验确定。

e） 宜采用数控火焰切割机或等离子切割机精切进行U肋下料，下料后用矫正机矫正。坡口宜采用机加工制造，两端螺栓孔需按中心线划线后机加工钻孔。

f） 板单元U肋内侧焊缝应采用U肋内焊专用机进行焊接，焊前调节焊丝角度，保证内侧焊丝与底板夹角为30°～45°，采用三元混合气体焊接。

g） 宜采用深熔焊焊接设备和金属粉芯焊丝进行U肋外侧打底焊接。焊前应检查深熔焊设备，确保稳定焊接。焊接时焊枪与底板夹角为30°～45°。

h） 宜采用U肋焊接机器人和药芯焊丝进行U肋外侧焊缝盖面焊接。

8.9.5 U肋与顶板的“内侧气体保护焊＋外侧埋弧焊”全熔透焊接自动化生产线应满足以下要求：

a） U肋与顶板的“内侧气体保护焊＋外侧埋弧焊”焊接工艺的主要设备包括U肋内焊专用机和外侧埋弧焊机。U肋与顶板内侧应采用内焊专用机进行焊接，外侧采用埋弧焊机进行焊接。

b） 板单元U肋内焊专用机性能应满足本指南8.9.4b）的要求。

c） U肋外侧埋弧焊机设备性能应满足以下要求：

1） U肋顶板外侧焊缝自动焊接设备主要由行走龙门、可升降焊臂横梁、焊臂装置、单丝埋弧焊机头、埋弧焊机、焊剂输送回收系统、焊缝跟踪装置、焊接渣壳清扫装置和电气控制系统等组成。

2） 宜具有多把埋弧焊枪对U肋外侧焊缝进行同步船位埋弧焊焊接，可连续焊接的长度不小于板单元长度。

3） 设备各部分之间可协调动作，采用可编程控制器（PLC）集中控制方式，对龙门行走、焊接系统等动作进行一体控制。

d） U肋外侧焊缝采用埋弧焊接工艺，保证U肋焊缝熔透。外侧埋弧焊机器人应具有激光跟踪系统，保证焊缝质量稳定可靠。

8.9.6 U肋与顶板的“内侧埋弧焊＋外侧埋弧焊”全熔透焊接自动化生产线应满足以下要求：

a） U肋与顶板的“内侧埋弧焊＋外侧埋弧焊”全熔透焊接工艺有U肋内外侧焊缝分步焊接和U肋内外侧焊缝同步焊接两种。其焊接工艺流程如下：

1） U肋内外侧焊缝分步装焊工艺流程：桥面板吊至生产线打磨区辊道上→打磨机对面板的焊缝区域进行打磨→桥面板输送到装配区辊道→桥面板对齐定位→吊运U肋至桥面板上→U肋端口与桥面板精确定位→辅助车夹紧桥面板输送板单元过焊接龙门到达焊接

区→牵引车与桥面板组合定位→埋弧焊焊接 U 肋内部角焊缝→检验修补→U 肋板单元上摇摆胎架夹具定位夹紧→板单元倾斜 45°多根 U 肋一侧同时焊接→板单元反方向倾斜 45°多根 U 肋另一侧同时焊接→检验修补→U 肋板单元机械矫正→报检转序。

2) U 肋内外侧焊缝同步装焊工艺流程:桥面板吊至生产线打磨区辊道上→打磨机对面板的焊缝区域进行打磨→桥面板输送到装配区辊道→桥面板对齐定位→吊运 U 肋至桥面板上→U 肋端口与桥面板精确定位→辅助车夹紧桥面板输送板单元过焊接龙门到达焊接区→牵引车与桥面板组合定位→埋弧焊焊接 U 肋内外焊缝→检验修补→U 肋板单元机械矫正→报检转序。

b) U 肋与顶板的“内侧埋弧焊 + 外侧埋弧焊”全熔透焊接工艺的主要焊接设备为内外分步或内外同步 U 肋板单元自动装焊生产线,要求设备具有组拼、定位焊和 U 肋内外侧自动焊接功能,可连续焊接的长度不小于板单元长度,焊接质量稳定可靠。

c) 在焊接前应检查设备,应对设备进行定期检测,确保焊接设备完好。

d) 应根据焊接工艺评定试验确定焊接材料和工艺,焊接时应严格执行焊接工艺,不得随意改变焊接工艺参数。

8.10 焊缝修磨和返修

8.10.1 焊缝的返修应满足以下要求:

a) 返修前,应清洁修复区域的表面。

b) 焊缝凹陷或弧坑、焊缝尺寸不足、咬边、未熔合、焊缝气孔或夹渣等焊缝缺陷的返修,应先采用砂轮打磨、碳弧气刨、铲凿或机械加工等方法完全清除缺陷,在清除缺陷时应刨出利于返修焊的坡口,并采用砂轮磨掉坡口表面的氧化皮,露出金属光泽。

c) 对于焊接裂纹的返修,应由焊接技术人员对裂纹产生的原因进行调查和分析,并制定专门的返修工艺方案。

d) 焊接返修的预热温度应比相同条件下正常焊接的预热温度提高 30℃ ~50℃,并应采用低氢焊接材料和焊接方法进行焊接,厚板返修焊宜采用消氢处理。

e) 返修部位应连续焊接,焊接中断时,应采取后热、保温措施,防止产生裂纹。

f) 使用埋弧焊返修焊缝时,宜将焊缝清除部位的两端刨成 1∶5 的斜坡。

g) 同一部位返修不应超过两次。

8.10.2 焊脚尺寸、焊波或余高等超出本指南 9.2.6 规定上限值的焊缝、小于 1mm 的超差的咬边应修磨匀顺。所有表面的修磨均应沿主要受力方向进行。

8.10.3 焊缝咬边超过 1mm 或焊脚尺寸不足时,可采用手工电弧焊、CO_2 气体保护焊或埋弧焊进行返修。

8.10.4 圆柱头焊钉焊缝缺陷长度超过周长的 1/4 或因其他项点不合格的应予更换。焊缝缺陷长度未超过周长的 1/4 时可采用手工补焊,焊脚尺寸应不小于 6mm。

8.10.5 焊件上的引弧板、息弧板、产品试板或临时连接件应切除,并磨平切口,且不应损伤母材。

8.10.6 返修焊的焊缝应按原检测方法和质量标准进行检测,填报返修施工记录及返修前后的无损检测报告,作为工程验收及存档资料。

8.11 矫正

8.11.1 变形超过允许偏差的构件,宜采用机械方法进行冷矫正或局部加热的方法进行热矫正。

8.11.2 零件冷矫时应缓慢加力,冷矫时环境温度不应低于 -12℃。构件冷矫总变形量不应大于变形部位原始长度的 2%。

8.11.3 采用热矫时,加热温度宜控制在 600℃ ~800℃,且不得过烧。不宜在同一部位多次重复加热;

矫正后宜自然冷却,温度降至室温前,不得锤击钢材和用水急冷。如果设计文件有要求,按设计文件规定执行。

8.11.4 矫正后应进行观察检查,矫正后的构件表面不应有凹痕和其他损伤。

8.11.5 顶底板及腹板单元矫正后的主要尺寸允许偏差应满足表36的要求。

表36 顶底板及腹板单元矫正后的主要尺寸允许偏差

序号	名称		允许偏差(mm)	简图
1	平面度 f	横向	$\leqslant S/250$	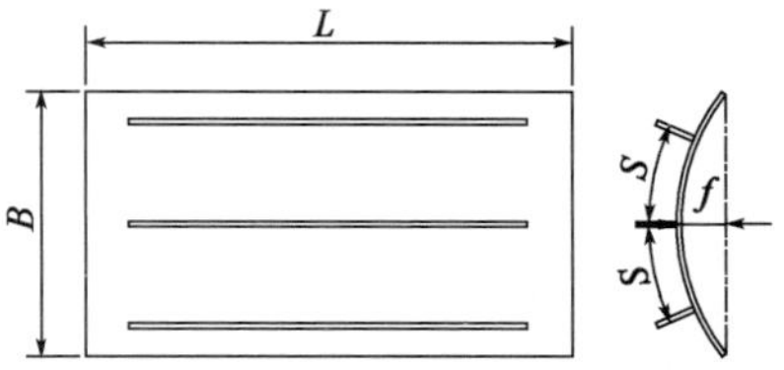
		纵向	$\leqslant 5$	
2	四角平面度 f		$\leqslant 5$	
3	板边直线度 f		$\leqslant 3$	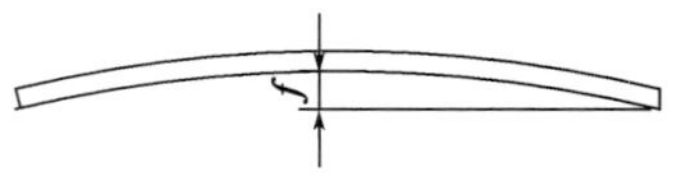
4	加劲肋垂直度 Δ		$\leqslant 2$	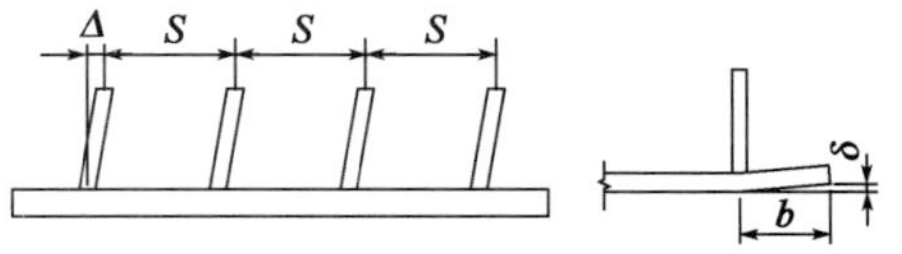
5	角变形 δ		$\delta \leqslant b/150$	

8.11.6 横隔板、纵隔板和横肋单元矫正后的主要尺寸允许偏差应满足表37的要求。

表37 横隔板、纵隔板和横肋单元矫正后的主要尺寸允许偏差

序号	名称	允许偏差(mm)	简图
1	板边直线度 f	$\leqslant b/150$,且$\leqslant 6$ (b 为板边长度)	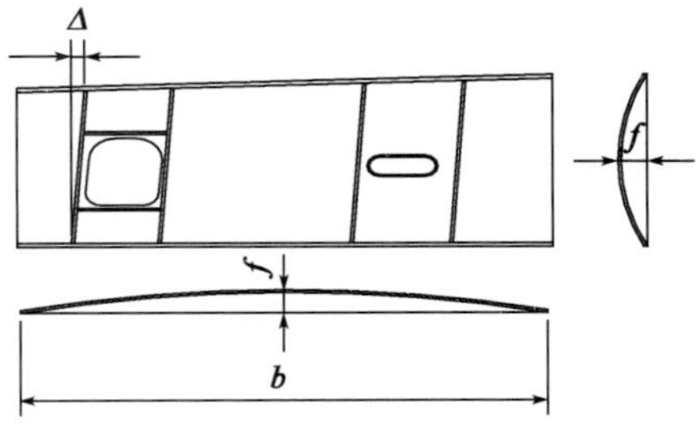
2	横向平面度 f	$\leqslant 2$	
3	纵向平面度 f	$\leqslant 4$(4000 范围)	
4	加劲肋垂直度 Δ	± 2	

8.11.7 工形梁和槽形梁矫正后的主要尺寸允许偏差应满足表38的要求。

表38 工形梁和槽形梁矫正后的主要尺寸允许偏差

序号	名称	允许偏差(mm)	简图
1	顶底板平面度 f	$\leqslant 5$	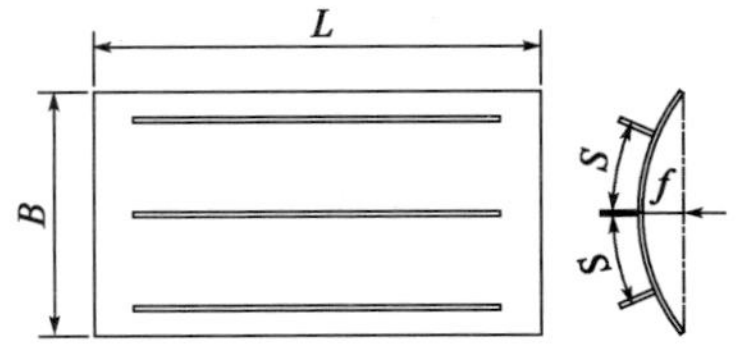

表 38　工形梁和槽形梁矫正后的主要尺寸允许偏差(续)

序号	名　称		允许偏差(mm)	简　图
2	腹板平面度 f		$\leqslant h/350$,且 $\leqslant 8$ (h 为腹板高度)	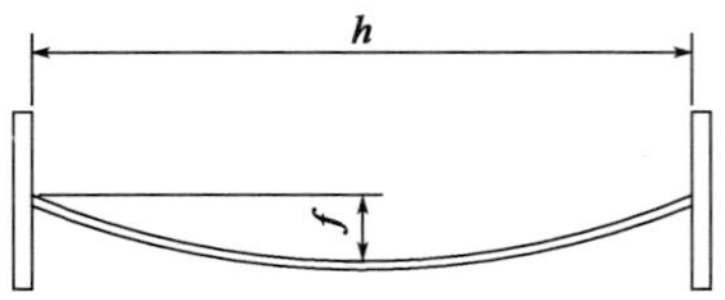
3	旁弯 f (拉线测量)		$\leqslant L/5000$,且 $\leqslant 3$ (L 为梁长)	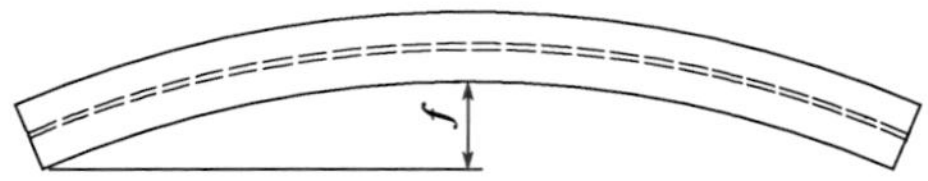
4	拱度 Δ (拉线测量)	不设预拱度	+3,0	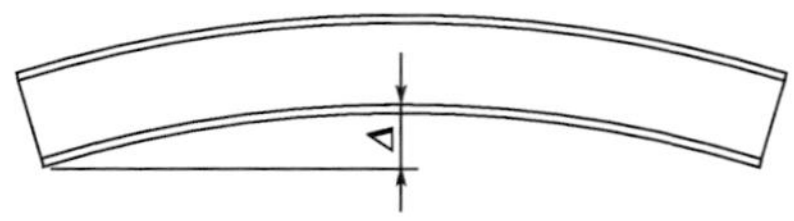
		设预拱度	+10,3	
5	顶板及底板对腹板的垂直度 Δ	有孔位置	≤1	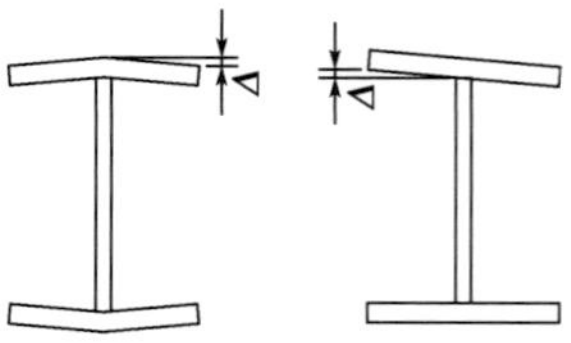
		无孔位置	≤1.5	
6	扭曲 Δ		≤3	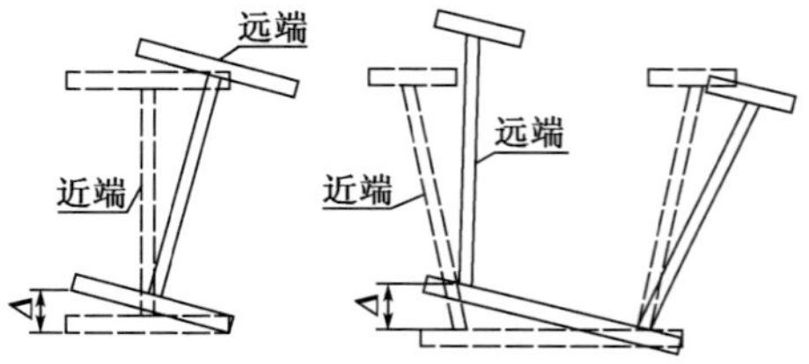 远端 近端

8.11.8　一般钢箱梁桥梁段矫正后的基本尺寸允许偏差应满足表 39 的要求。

表 39　一般钢箱梁桥梁段矫正后的基本尺寸允许偏差

序号	名　称		允 许 偏 差	简　图
1	顶底板平面度 f (mm)	横桥向	$\leqslant S_1/250$	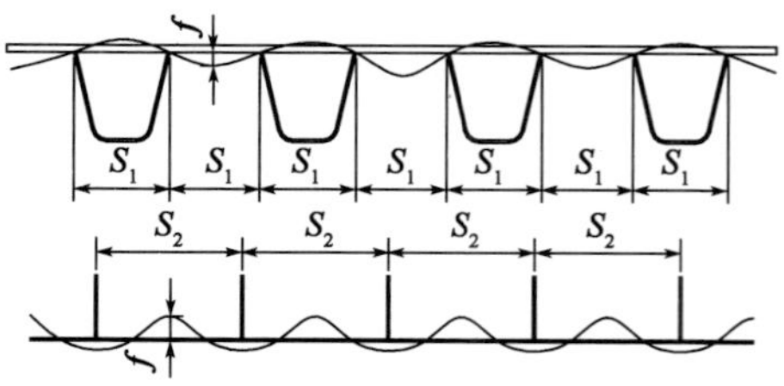
		纵桥向	$\leqslant S_2/500$	
2	腹板平面度 f(mm)		$\leqslant h/350$,且 $\leqslant 8$ (h 为腹板高度)	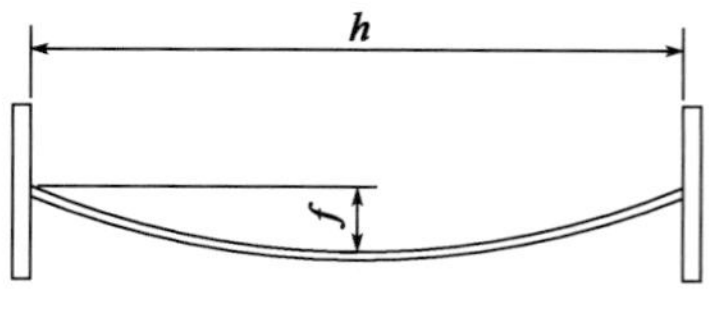

表 39　一般钢箱梁桥梁段矫正后的基本尺寸允许偏差(续)

序号	名　　称		允许偏差	简　　图
3	旁弯 f(mm)		≤L/5000,且≤3 (L 为节段长度)	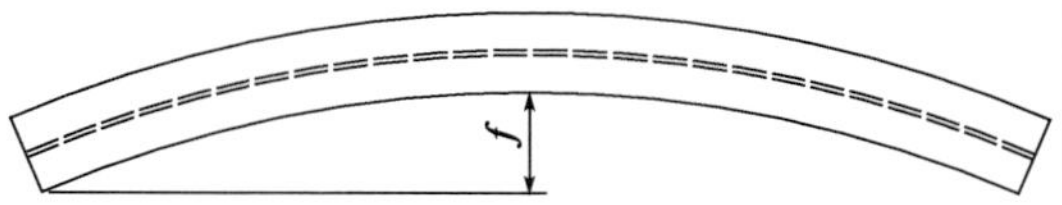
4	拱度 Δ(mm) (拉线测量)	不设预拱度	+3,0	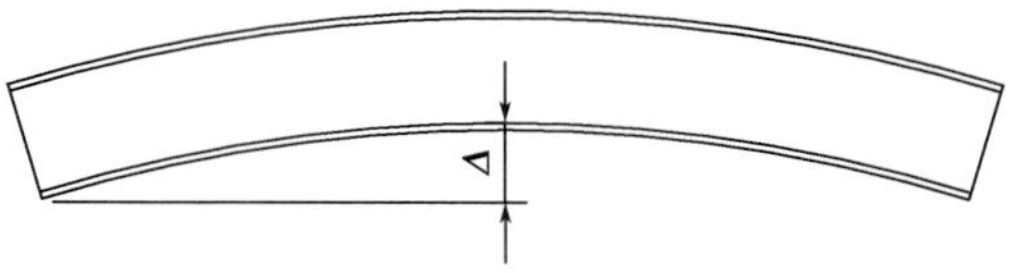
		设预拱度	+10,3	
5	桥面横坡 i(%)		0.15,0	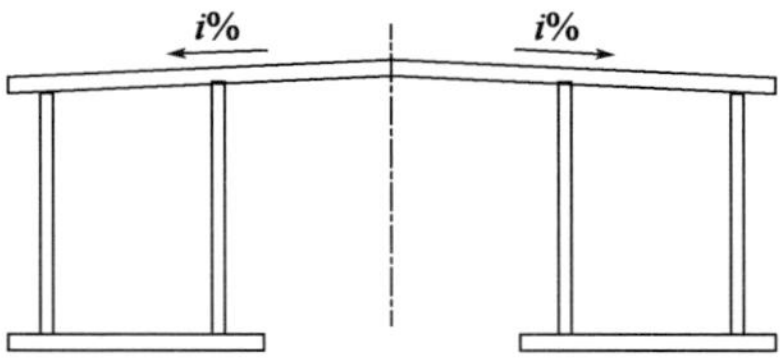
6	扭曲 Δ(mm) (以两边隔板为基准)		每米≤1.0, 且每段≤10	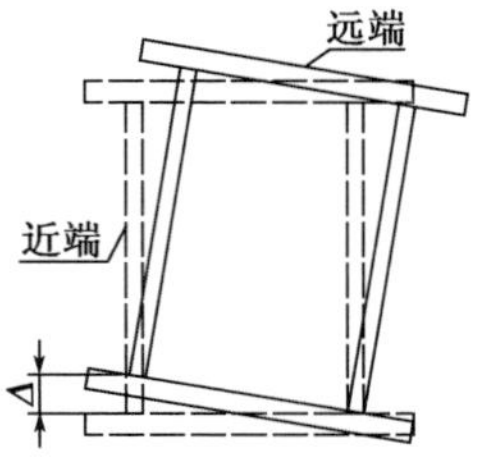 远端 近端 Δ

8.11.9　大型扁平钢箱梁矫正后的主要尺寸允许偏差应满足表 40 的要求。

表 40　大型扁平钢箱梁矫正后的主要尺寸允许偏差

序号	名　　称		允许偏差	简　　图
1	顶板、底板平面度 f (mm)	横桥向	≤S_1/250	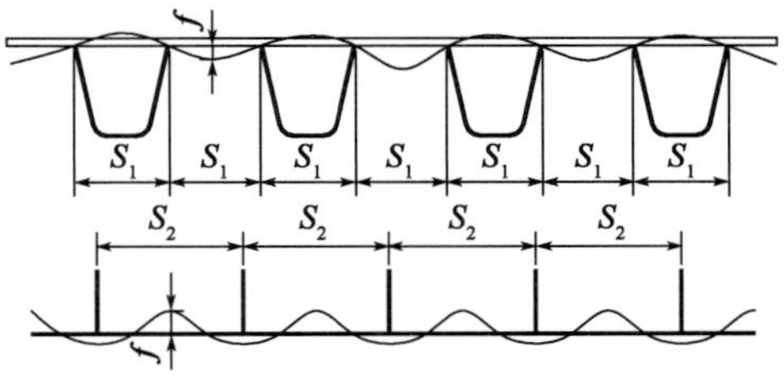
		纵桥向	≤S_2/500	
2	横坡 i(%)		0.1,0	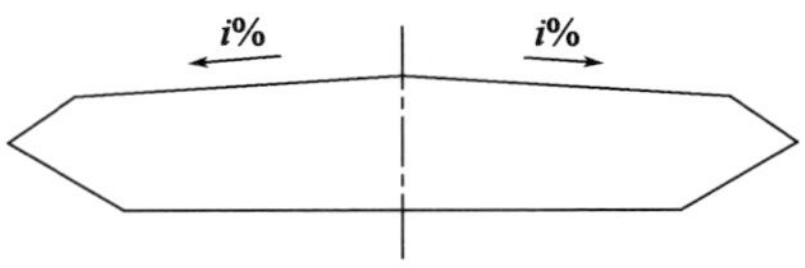
3	旁弯 f(mm)		≤5	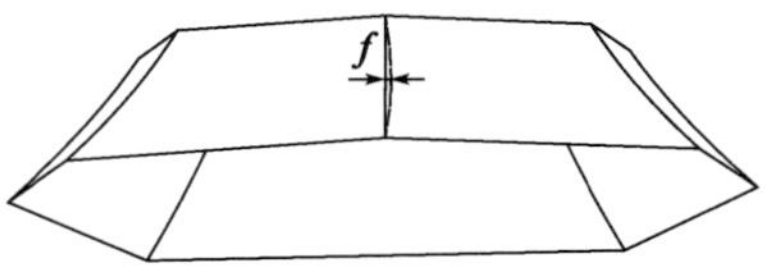

表 40　大型扁平钢箱梁矫正后的主要尺寸允许偏差(续)

序号	名　　称	允许偏差	简　　图
4	预拱度 Δ(mm)	+10，-5	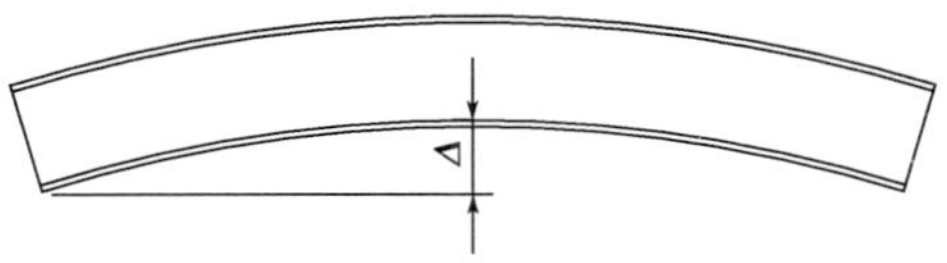 Δ
5	扭曲 Δ(mm) (以两边隔板为基准)	每米≤1， 且每段≤8	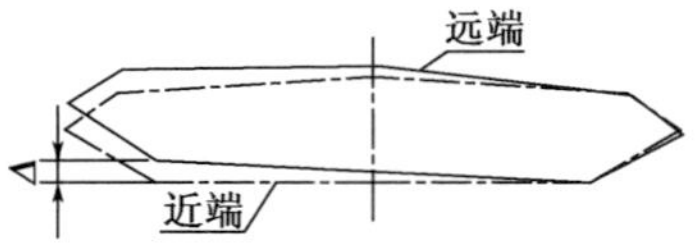 远端 Δ 近端

8.11.10　钢桁梁主桁构件矫正后的主要尺寸允许偏差应满足表 41 的要求。

表 41　钢桁梁主桁构件矫正后的主要尺寸允许偏差

序号	名　　称		允许偏差(mm)	简　　图
1	盖板平面度 f		≤5	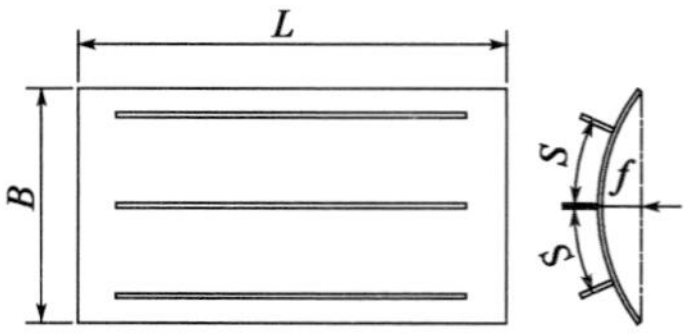 L B S f S
2	腹板平面度 f		≤h/500，且≤5	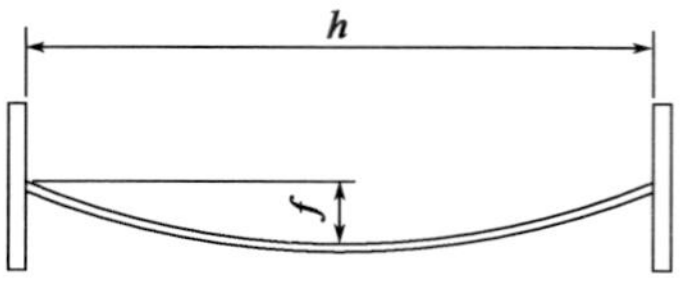 h f
3	旁弯 f		≤L/5000，且≤3	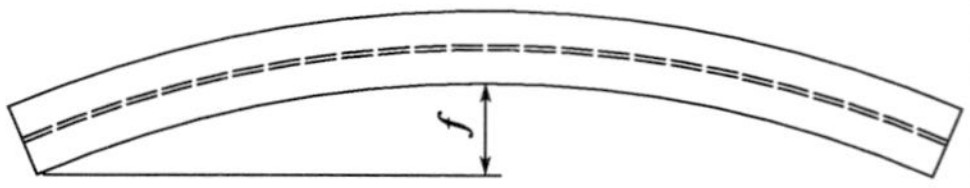 f
4	盖板对腹板的垂直度 Δ	有孔位置	≤1	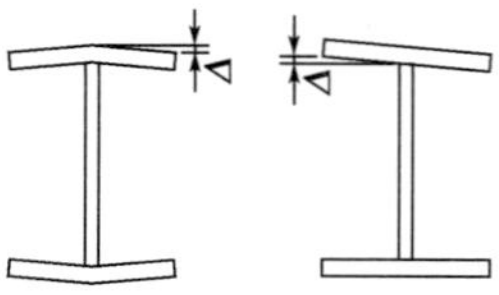 Δ Δ
		无孔位置	≤1.5	
5	扭曲 Δ		≤3	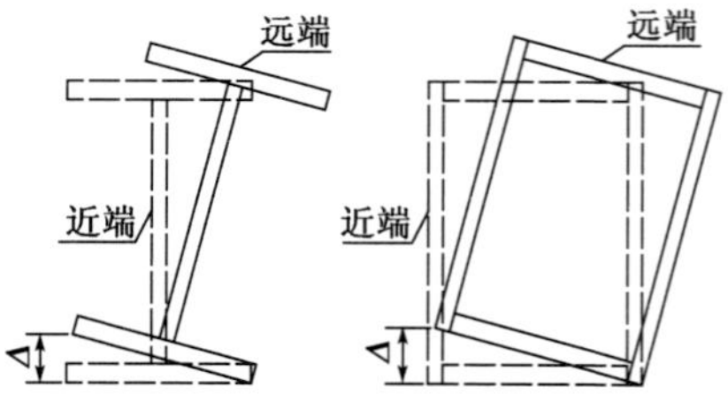 远端 远端 近端 近端 Δ Δ

8.11.11 钢塔段矫正后的主要尺寸允许偏差应满足表42的要求。

表42 钢塔段矫正后的主要尺寸允许偏差

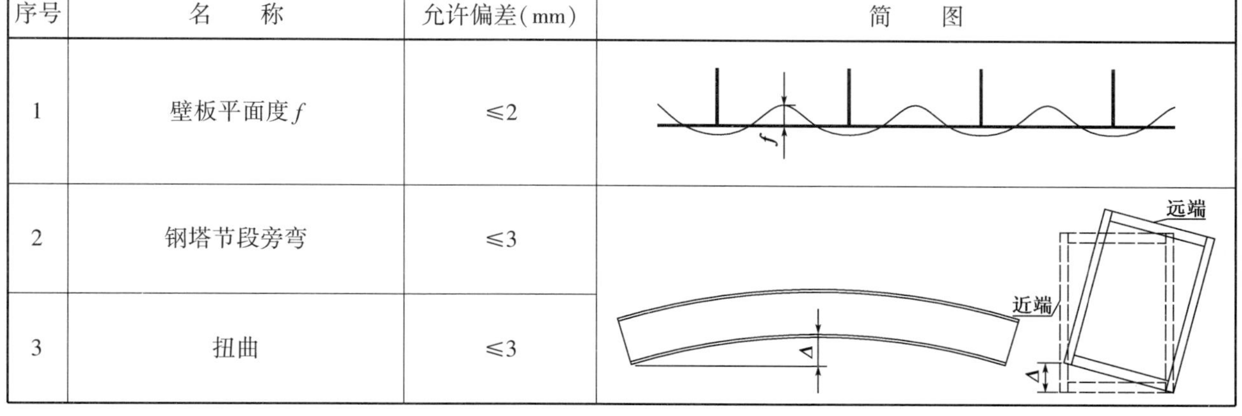

序号	名　称	允许偏差(mm)	简　图
1	壁板平面度 f	≤2	
2	钢塔节段旁弯	≤3	
3	扭曲	≤3	

8.11.12 钢锚梁及牛腿矫正后的主要尺寸允许偏差应满足表43的要求。

表43 钢锚梁及牛腿矫正后的主要尺寸允许偏差

序号	名　称		允许偏差(mm)	简　图
1	钢锚梁	底板平面度 f	≤1	腹板变形 f 底板变形
		腹板平面度 f	≤2	
		旁弯 f	≤3	
2	钢牛腿座板平面度 f		≤1	f

9 焊缝质量检验

9.1 一般规定

9.1.1 焊接检验应按下列要求分为两类：

a) 自检，是制造单位在制造、安装过程中，由本单位具有相应资质的检测人员或委托具有相应检验资质的检测机构进行的检验；

b) 监检，是业主或其代表委托具有相应检验资质的独立第三方检测机构进行的检验。

9.1.2 焊接检验的一般程序包括焊前检验、焊中检验和焊后检验，并应符合下列规定：

a) 焊前检验应至少包括下列内容：

1) 按设计文件和相关标准的要求对工程中所用钢材、焊接材料的规格、型号(牌号)、材质、外观及质量证明文件进行确认；

2）焊工合格证及认可范围确认；
3）焊接工艺技术文件及操作规程审查；
4）坡口形式、尺寸及表面质量检查；
5）组拼后构件的形状、位置、错边量、角变形、间隙等检查；
6）焊接环境、焊接设备等条件确认；
7）定位焊缝的尺寸及质量认可；
8）焊接材料的烘焙、保存及领用情况检查；
9）引弧板、息弧板和衬垫的装配质量检查。

b）焊中检验应至少包括下列内容：
1）实际采用的焊接电流、焊接电压、焊接速度、预热温度、层间温度及后热温度和时间等焊接工艺参数与焊接工艺文件的符合性检查；
2）多层多道焊焊道缺欠的处理情况确认；
3）采用双面焊清根的焊缝，应在清根后进行外观检查及规定的无损检测；
4）多层多道焊中焊层、焊道的布置及焊接顺序等检查。

c）焊后检验应至少包括下列内容：
1）焊缝的外观质量与外形尺寸检查；
2）焊缝的无损检测；
3）焊接记录检查及检验报告审查。

9.1.3 焊接检验前，应根据施工详图及技术文件规定的焊缝质量等级要求编制检验和试验方案，由制造单位技术负责人批准并报监理工程师备案。检验方案宜包括检验项目工程概况、检测依据、检验批的划分和抽样检验的抽样方法、检验项目、检验方法、检验人员和设备、检验时机及相应的验收标准、检验中的安全措施和环保措施等内容。

9.1.4 检测人员应符合以下要求：

a）从事钢结构无损检测的人员应按《无损检测 人员资格鉴定与认证》（GB/T 9445）进行相应级别的培训、考核，并持有相应考核机构颁发的资格证书；
b）取得不同无损检测方法的各技术等级人员不得从事超过该方法和技术等级的无损探伤工作；
c）焊缝无损检测报告签发人员应持有《无损检测 人员资格鉴定与认证》（GB/T 9445）规定的2级或2级以上无损检测人员资格证书；
d）从事射线检测的人员上岗前应进行辐射安全知识的培训，并应取得放射工作人员证；
e）超声波相控阵检测人员除应持有常规超声检测Ⅱ级及以上资质外，还应经中国船级社培训超声波相控阵检测的理论和实际操作，并取得合格证书；
f）现场检测工作应由两名或两名以上检测人员承担；
g）从事磁粉、渗透检测的人员应具有相应的资格证书。

9.1.5 检测人员的职责要求如下：

a）无损检测人员应按设计文件或相应规范规定的探伤方法及标准，对受检部位进行探伤，出具无损检测报告。
b）焊接检验人员负责对焊接作业进行全过程的检查和控制，出具检测报告。

9.1.6 钢结构检测所用的仪器、设备和量具应有产品合格证、计量检定机构出具的有效期内的检定（校准）证书，仪器设备的精度应满足检测项目的要求。检测所用检测试剂应标明生产日期和有效期，并应具有产品合格证和使用说明书。

9.1.7 检测的原始记录，应记录在专用记录纸上；记录数据应准确、字迹清晰、信息完整，不得追记、涂改，如有笔误，应进行杠改，并应由修改人签署姓名及日期。当采用自动记录时，应符合有关要求。原始记录应由检验及审核人员签字。当发现检测数据数量不足或检测数据出现异常情况时，应进行补充检测。

9.1.8　检测报告应对所检测的项目作出是否符合设计文件要求或相应验收规范的规定。检测报告应包括下列内容：

a）委托单位名称；

b）工程概况，包括工程名称、结构类型、规模、施工日期及现状等；

c）建设单位、设计单位、施工单位及监理单位名称；

d）检测原因、检测目的，以往检测情况概述；

e）检测项目、检测方法及依据的标准；

f）抽样方案及数量；

g）检测日期，报告完成日期；

h）检测项目中的主要分类检测数据和汇总结果，检测结论；

i）主检、审核和批准人员的签名。

9.1.9　焊接外观检验应符合设计文件及本指南 9.2 的规定。焊接无损检验应符合设计文件及本指南 9.3的规定。

9.2　焊缝的外观检验

9.2.1　焊接完毕，且焊缝冷却到环境温度后，应对所有焊缝进行外观检测。

9.2.2　采用目测方法进行外观检测，直接目视检测时，眼睛与被检工件表面的距离不应大于 600mm，视线与被检工件表面所成的夹角不应小于 30°，并从多个角度对工件进行观察。

9.2.3　对细小缺陷进行鉴别时，可使用 2 倍 ~ 6 倍的放大镜。裂纹的检查，宜采用不低于 5 倍的放大镜并在合适的光照条件下进行，必要时可采用磁粉探伤或渗透探伤检测。

9.2.4　对焊缝的外形尺寸可用焊缝检验尺进行测量。

9.2.5　被测工件表面的照明亮度不宜低于 160 lx；当对细小缺陷进行鉴别时，照明亮度不应低于 540 lx。

9.2.6　焊缝的外观质量应满足表 44 的规定。外观检查不合格的焊缝，应按本指南 8.10 的要求进行修磨或返修。

表 44　焊缝外观质量标准

<table>
<tr><th>序号</th><th>项目</th><th>焊缝种类</th><th colspan="2">质量要求（mm）</th></tr>
<tr><td rowspan="3">1</td><td rowspan="3">气孔</td><td>对接焊缝</td><td colspan="2">不允许</td></tr>
<tr><td>熔透角焊缝、棱角焊缝等
主要角焊缝</td><td>直径小于 1.0</td><td rowspan="2">每米不多于 3 个，间距不小于 20。但焊缝端部 10mm 范围内不允许有气孔</td></tr>
<tr><td>其他焊缝</td><td>直径小于 1.5</td></tr>
<tr><td rowspan="5">2</td><td rowspan="5">咬边</td><td>横、纵向受拉对接焊缝
U 肋角焊缝翼板侧受拉区</td><td rowspan="2">不允许</td><td rowspan="5"></td></tr>
<tr><td>纵梁、加劲肋角焊缝的翼板侧</td></tr>
<tr><td>受压部件横向对接焊缝
熔透角焊缝</td><td>≤0.3</td></tr>
<tr><td>纵向对接焊缝、棱角缝等
主要角焊缝</td><td>≤0.5</td></tr>
<tr><td>其他焊缝</td><td>≤1.0</td></tr>
</table>

表 44　焊缝外观质量标准(续)

序号	项目	焊缝种类	质量要求(mm)	
3	焊脚尺寸	主要角焊缝	$K_{0}^{+2.0}$	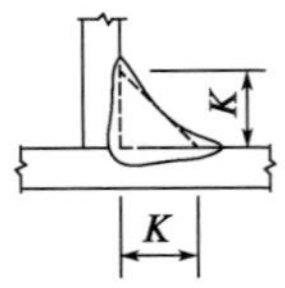
		一般角焊缝	$K_{-1.0}^{+2.0}$	
		手工焊每条焊缝总长的10%范围内	$K_{-1.0}^{+3.0}$	
4	焊波	角焊缝	$h \leqslant 2.0$ (任意25mm范围高低差)	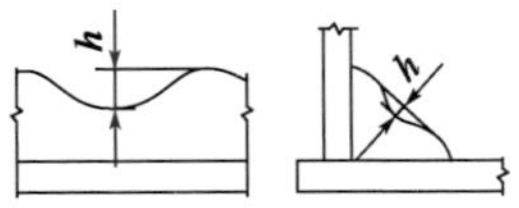
5	余高	不铲磨余高的对接焊缝	$h \leqslant 2.0(b \leqslant 20)$ $h \leqslant 3.0(b > 20)$	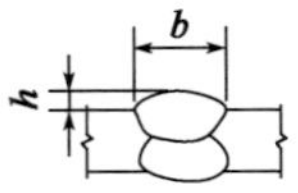
6	对接焊缝余高铲磨	横向对接焊缝(桥面板除外)	$\Delta_1 \leqslant 0.5$ $\Delta_2 \leqslant 0.3$ 表面粗糙度 $Ra \leqslant 50\mu m$	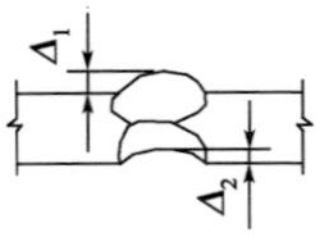
7	有效厚度	T形角焊缝	凸面角焊缝:不小于规定值2.0 凹面角焊缝:不小于规定值0.3	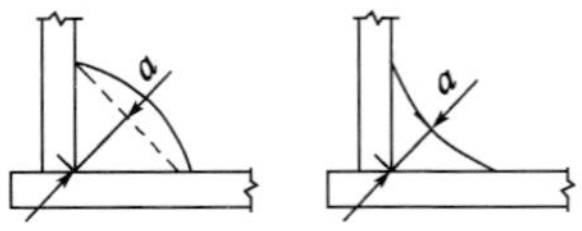

9.3　焊缝的无损检验

9.3.1　应根据无损检测方法的适用范围以及结构状况和检测条件,按表45选择合适的无损检测方法。

表 45　无损检测方法的选用

序号	检测方法	适用范围
1	磁粉检测	铁磁性材料表面和近表面缺陷的检测
2	渗透检测	表面开口性缺陷的检测
3	超声波检测	内部缺陷的检测,主要用于平面型缺陷的检测
4	射线检测	内部缺陷的检测,主要用于体积型缺陷的检测

9.3.2　焊缝经外观检查合格后方可进行无损检测,无损检测应在焊接24h后进行。

9.3.3　超声波焊缝无损检测质量等级、检测等级和验收等级应满足《焊缝无损检测　超声检测　验收等级》(GB/T 29712)的要求。距离—波幅曲线灵敏度及缺陷等级评定应符合本指南附录G的规定,其他要求应符合《焊缝无损检测　超声检测　技术、检测等级和评定》(GB/T 11345)的规定。

9.3.4　磁粉探伤应符合《焊缝无损检测　磁粉检测》(GB/T 26951)、《焊缝无损检测　焊缝磁粉检测　验收等级》(GB/T 26952)和本指南附录H的规定。

9.3.5　射线探伤应符合《金属熔化焊焊接接头射线照相》(GB/T 3323)和本指南附录 I 的规定。

9.3.6　渗透探伤应符合《无损检测　渗透检测　第 1 部分:总则》(GB/T 18851.1)、《无损检测　渗透检测　第 2 部分:渗透材料的检验》(GB/T 18851.2)、《无损检测　渗透检测　第 3 部分:参考试块》(GB/T 18851.3)、《无损检测　渗透检测　第 4 部分:设备》(GB/T 18851.4)的规定。缺陷评定应符合本指南附录 J 的规定,其质量等级应符合《焊缝无损检测　焊缝渗透检测　验收等级》(GB/T 26953)规定的焊缝质量Ⅱ级要求。

9.3.7　进行局部超声波(UT)、磁粉(MT)或渗透(PT)探伤的焊缝,当发现有裂纹或其他超标缺陷较多时,应扩大该条焊缝的探伤范围,每一次扩大探伤的范围不小于前次探伤范围的 2 倍,直至焊缝全长。对局部射线(RT)探伤的焊缝,当发现超标缺陷时,应增加检测。每一次探伤的数量不小于前次探伤数量的 2 倍。

9.3.8　焊缝返修区域,应按原检测方法和质量要求重新进行质量检验。

9.3.9　用射线、超声波、磁粉、渗透等多种方法检验的焊缝,应达到各自的质量要求,该焊缝方可认为合格。

9.3.10　探伤比例低于 100% 的抽检项目,按规定的探伤比例进行检测的结果全部合格,则认为该批次焊缝判定为合格。如果同一批次中出现不合格的焊缝,应增加探伤比例,每一次探伤比例不小于前次探伤比例的 2 倍,直到 100% 检测合格。

9.3.11　正交异性钢桥面板的焊缝无损检验的焊缝部位、检测方法、检测比例、检测范围、检验等级和验收标准应符合表 46 的规定。

表 46　正交异性钢桥面板焊缝无损检验要求及探伤范围

序号	焊缝部位	检测方法	检测比例(%)	检测范围	检验等级	验收标准
1	顶板横向、纵向对接焊缝	超声波	100	焊缝全长	GB/T 11345 B 级	GB/T 29712 2 级
		X 射线	10	两端各 250mm ~ 300mm;长度大于 1200mm 时,中间加探 250mm ~ 300mm	GB/T 3323 B 级	GB/T 3323 Ⅱ级
2	开口加劲肋与顶板全熔透 T 形焊缝	超声波	10	两端各 1000mm;长度大于 3000mm 时,中间加探 1000mm;连续焊缝断弧处加探 1000mm	GB/T 11345 B 级	GB/T 29712 2 级
3	开口加劲肋与顶板部分熔透 T 形焊缝	磁粉	10	两端各 1000mm;长度大于 3000mm 时,中间加探 1000mm;连续焊缝断弧处加探 1000mm	GB/T 26951	GB/T 26952 2 级
4	开口加劲肋与顶板角焊缝	磁粉	10	两端各 1000mm;连续焊缝断弧处加探 1000mm	GB/T 26951	GB/T 26952 2 级
5	闭口加劲肋与顶板熔透 T 形焊缝	磁粉	30	闭口肋外侧两端各 1000mm;长度大于 3000mm 时,中间加探 1000mm;连续焊缝断弧处加探 1000mm	GB/T 26951	GB/T 26952 2 级

表 46 正交异性钢桥面板焊缝无损检验要求及探伤范围(续)

序号	焊缝部位	检测方法	检测比例(%)	检测范围	检验等级	验收标准
6	闭口加劲肋与顶板单侧或双侧部分熔透 T 形焊缝	超声波	30	闭口肋外侧两端各 1000mm;长度大于 3000mm 时,中间加探 1000mm;连续焊缝断弧处加探 1000mm	GB/T 11345 B 级	GB/T 29712 2 级
7	横隔板或横肋与顶板或纵肋全熔透 T 形焊缝	超声波	30	两端各两个纵肋间距;纵肋数量多于 6 根的中间加探两个纵肋间距	GB/T 11345 B 级	GB/T 29712 2 级
8	横隔板或横肋与顶板或纵肋部分熔透 T 形焊缝	磁粉	30	两端各两个纵肋间距;纵肋数量多于 6 根的中间加探两个纵肋间距	GB/T 26951	GB/T 26952 2 级
9	横隔板或横肋与顶板或纵肋角焊缝	磁粉	30	两端各两个纵肋间距;纵肋数量多于 6 根的中间加探两个纵肋间距	GB/T 26951	GB/T 26952 2 级
注:检测比例指检测接头数量与全部接头数量之比。						

9.3.12 钢箱梁、槽形梁焊缝无损检验的检验部位、检测方法、检测比例、检测范围、检验等级和验收标准应符合表 47 的规定。

表 47 钢箱梁、钢槽梁焊缝无损检验要求及探伤范围

序号	焊缝部位	检测方法	检测比例(%)	检测范围	检验等级	验收标准
1	顶板、底板、腹板、横隔板的横向对接焊缝	超声波	100	焊缝全长	GB/T 11345 B 级	GB/T 29712 2 级
		X 射线	10	两端各 250mm ~ 300mm;长度大于 1200mm 时,中间加探 250mm ~ 300mm	GB/T 3323 B 级	GB/T 3323 Ⅱ级
2	梁段间横向对接焊缝十字交叉或 T 形交叉处	超声波	100	焊缝全长	GB/T 11345 B 级	GB/T 29712 2 级
		X 射线	顶板 100 底板 30 腹板 10	交叉处 250mm ~ 300mm	GB/T 3323 B 级	GB/T 3323 Ⅱ级
3	顶板、底板、腹板、横隔板的纵向对接焊缝	超声波	100	焊缝全长	GB/T 11345 B 级	GB/T 29712 2 级
		X 射线	10	顶板两端和中间各 250mm ~ 300mm;底板、腹板、横隔板两端各 250mm ~ 300mm	GB/T 3323 B 级	GB/T 3323 Ⅱ级

表 47 钢箱梁、钢槽梁焊缝无损检验要求及探伤范围(续)

序号	焊缝部位	检测方法	检测比例(%)	检测范围	检验等级	验收标准
4	横隔板立位横向对接焊缝	超声波	100	焊缝全长	GB/T 11345 B 级	GB/T 29712 2 级
5	横隔板立位纵向对接焊缝	超声波	100	两端各 1000mm	GB/T 11345 B 级	GB/T 29712 2 级
6	风嘴、腹板与顶底板熔透角焊缝,斜底板与底板熔透角焊缝	超声波	100	焊缝全长	GB/T 11345 B 级	GB/T 29712 2 级
		磁粉	100	焊缝全长	GB/T 26951	GB/T 26952
7	其他 T 形接头和角接接头熔透焊缝,腹板与顶底板部分熔透焊缝,脚长大于 12mm 的腹板与顶底板贴脚焊缝	超声波	100	焊缝全长	GB/T 11345 B 级	GB/T 29712 2 级
8	非支座横隔板以及纵隔板与顶底板部分熔透焊缝	磁粉	100	焊缝全长	GB/T 26951	GB/T 26952
9	其他 T 形接头部分熔透焊缝	磁粉	100	两端各 1000mm	GB/T 26951	GB/T 26952
10	腹板及开口加劲肋与顶底板贴脚角焊缝	磁粉	100	焊缝全长	GB/T 26951	GB/T 26952
11	其他贴脚角焊缝	磁粉	100	两端各 1000mm	GB/T 26951	GB/T 26952
12	焊接试板	超声波	100	焊缝全长	GB/T 11345 B 级	GB/T 29712 2 级
13	需要拆除的临时连接件焊缝	磁粉	100	焊缝全长	GB/T 26951	GB/T 26952
注:检测比例指检测接头数量与全部接头数量之比。						

9.3.13 钢桁梁、钢桁拱、钢板梁焊缝无损检验的检验部位、检测方法、检测比例、检测范围、检验等级和验收标准应符合表 48 的规定。

表 48 钢桁梁、钢桁拱、钢板梁焊缝无损检验要求及探伤范围

序号	焊缝部位	检测方法	检测比例(%)	检测范围	检验等级	验收标准
1	主要构件受拉的对接焊缝	超声波	100	焊缝全长	GB/T 11345 B 级	GB/T 29712 2 级
		X 射线	10	两端各 250mm ~ 300mm;长度大于 1200mm 时中间加探 250mm ~ 300mm	GB/T 3323 B 级	GB/T 3323 Ⅱ级

表 48 钢桁梁、钢桁拱、钢板梁焊缝无损检验要求及探伤范围(续)

序号	焊缝部位	检测方法	检测比例(%)	检测范围	检验等级	验收标准
2	主要构件受压的对接焊缝	超声波	100	横向:焊缝全长; 纵向:两端各 1000mm	GB/T 11345 B 级	GB/T 29712 2 级
3	工地对接焊缝	超声波	100	焊缝全长	GB/T 11345 B 级	GB/T 29712 2 级
4	节点板处和支座处 T 形熔透焊缝	超声波	100	焊缝全长	GB/T 11345 B 级	GB/T 29712 2 级
5	T 形接头和角接接头部分熔透焊缝	超声波	100	两端螺栓孔范围并各延长 500mm;两端最小长度各不少于 1000mm	GB/T 11345 B 级	GB/T 29712 2 级
6	非支座横隔板与顶底板和腹板的部分熔透焊缝	超声波	100	焊缝全长	GB/T 11345 B 级	GB/T 29712 2 级
7	非支座横隔板与顶底板和腹板的贴脚角焊缝	磁粉	100	焊缝全长	GB/T 26951	GB/T 26952
8	T 形接头贴脚角焊缝	磁粉	100	两端螺栓孔范围并各延长 500mm,两端最小长度各不少于 1000mm	GB/T 26951	GB/T 26952
9	焊接试板	超声波	100	焊缝全长	GB/T 11345 B 级	GB/T 29712 2 级
10	需要拆除的临时连接件焊缝	磁粉	100	焊缝全长	GB/T 26951	GB/T 26952
注:检测比例指检测接头数量与全部接头数量之比。						

9.3.14 钢塔、钢箱拱焊缝无损检验的检验部位、检测方法、检测比例、检测范围、检验等级和验收标准应符合表 49 的规定。

表 49 钢塔、钢箱拱焊缝无损检验要求及探伤范围

序号	焊缝部位	检测方法	检测比例(%)	检测范围	检验等级	验收标准
1	钢板工厂对接焊缝	超声波	100	焊缝全长	GB/T 11345 B 级	GB/T 29712 2 级
		X 射线	10	两端各 250mm ~ 300mm;长度大于 1200mm 时,中间加探 250mm ~ 300mm	GB/T 3323 B 级	GB/T 3323 Ⅱ级

表49　钢塔、钢箱拱焊缝无损检验要求及探伤范围(续)

序号	焊缝部位	检测方法	检测比例(%)	检测范围	检验等级	验收标准
2	工地对接焊缝	超声波	100	焊缝全长	GB/T 11345 B级	GB/T 29712 2级
		X射线	10	对接板中较小的板厚大于30mm的焊缝,两端各500mm;长度大于1500mm时,中间加探500mm	GB/T 11345 C级	GB/T 29712 1级
3	T形接头和角接接头熔透焊缝	超声波	100	焊缝全长	GB/T 11345 B级	GB/T 29712 2级
		磁粉	100	焊缝全长	GB/T 26951	GB/T 26952
4	T形接头和角接接头部分熔透焊缝	超声波	100	焊缝全长	GB/T 11345 B级	GB/T 29712 2级
5	T形接头贴脚角焊缝	磁粉	100	焊缝全长	GB/T 26951	GB/T 26952
6	焊接试板	超声波	100	焊缝全长	GB/T 11345 B级	GB/T 29712 2级

9.4　圆柱头焊钉焊缝检验

9.4.1　圆柱头焊钉焊完之后,应及时敲掉圆柱头焊钉周围的瓷环,焊缝冷却到环境温度后,应进行外观检验。采用焊钉专用焊接设备焊接的焊钉焊接接头焊缝外观质量应符合表50的要求。采用电弧焊方法焊接的焊钉焊接接头最小焊脚尺寸应符合表51的要求。

表50　焊钉焊接接头外观检验合格标准

序号	外观检验项目	合格标准	检验方法
1	外形尺寸	360°范围内焊缝饱满; 拉弧式焊钉焊:焊缝高度 $K_1 \geq 1$mm,焊缝宽 $K_2 \geq 0.5$mm 电弧焊:最小焊脚尺寸应符合表51的规定	目测、钢尺、焊缝量规
2	焊缝缺陷	无气孔、夹渣、裂缝等缺陷	目测、放大镜(5倍)
3	焊缝咬边	咬边深度≤0.5,且最大长度不应大于1倍的焊钉直径	钢尺、焊缝量规
4	焊钉焊后高度	高度偏差≤±2.0mm	钢尺、焊缝量规
5	焊钉焊后倾斜角	倾斜角度偏差≤5°	钢尺、量角器

表 51　采用电弧焊方法焊接的焊钉焊接接头最小焊脚尺寸

焊钉直径(mm)	角焊缝最小焊脚尺寸(mm)	检验方法
10,13	6	焊缝检验尺
16,19,22	8	
25	10	

9.4.2　外观质量检验合格后,应进行焊钉弯曲试验检查,以单个制造节段为一个检验批次,检查数量不应小于焊钉总数的 1%,且不少于 10 个焊钉。检验方法,可采用锤击或用弯曲套筒把焊钉从原来轴线弯曲 30°。当焊钉弯曲至 30°时,焊缝和热影响区没有肉眼可见的裂纹为该焊钉的焊缝合格。当一个检验批次焊钉的焊缝全部合格,则判定该批次焊钉的焊缝合格。若该检验批次发现有不合格焊钉的焊缝,则在该批次剩余的焊钉中加倍抽样检验,如第二次抽样检验焊钉的焊缝全部合格,则判定该批次剩余焊钉的焊缝合格。若第二次抽样检验批次发现有不合格焊缝,则在该批次剩余的焊钉中再加倍抽样检验。如第三次抽样检验焊钉的焊缝全部合格,则判定该批次剩余焊钉的焊缝合格。若第三次抽样检验批次发现有不合格焊钉的焊缝,则该批次焊钉的焊缝不合格。

9.4.3　对不合格的焊钉应从工件上拆除,将移去焊钉的地方整平磨光,如遇到底面金属有损伤的,应补焊磨平,然后焊上替代焊钉,并应检查替代焊钉的焊接质量。

9.5　产品试板

9.5.1　焊缝应按表 52 规定的焊缝类型和接头数量确定产品试板数量并进行产品试板检验,接头数量少于表中数量时应做一组产品试板。

表 52　产品试板数量

序号	焊缝类型		接头数量	产品试板数量
1	受拉横向对接焊缝	接头长度≤1000mm	32 条	1 组
		接头长度 > 1000mm	24 条	1 组
2	桥面板横向对接焊缝		10 条	1 组
3	桥面板纵向对接焊缝		30 条	1 组
4	全断面对接焊缝		10 个断面	平、立、仰焊缝各 1 组
5	U 肋与顶板焊缝		1 个梁段	1 组,取 4 个试样

9.5.2　焊接试板应满足如下要求:

a)　自动焊焊接试板长度不应小于 600mm,手工焊、CO_2 气体保护焊不应小于 400mm;

b)　产品试板焊接完成后,应对供取样用的焊接试板做出标记,并记录所在产品部位。

9.5.3　产品试板焊缝的外观应符合产品焊缝的外观质量要求。

9.5.4　产品试板的焊缝经探伤合格后进行接头拉伸、弯曲和焊缝金属低温冲击试验(U 肋与顶板焊缝除外),试板数量和试验结果应符合本指南附录 B 的规定。

9.5.5　U 肋与顶板焊缝仅进行宏观断面试验,试板数量应符合本指南 9.5.1 的要求,其熔深应满足设计要求。当设计未规定熔深时,允许 1 个宏观断面试样的熔深不小于板厚的 70%,其余试样的熔深不小于板厚的 80%。

9.5.6　若产品试板的试验结果不合格,则应先查明原因,然后对该试板代表的接头进行处理,并重新进行检验。

10 高强度螺栓

10.1 一般规定

10.1.1 大六角头高强度螺栓连接副由一个螺栓、一个螺母和两个垫圈组成,使用组合应符合表53的规定。扭剪型高强度螺栓连接副由一个螺栓、一个螺母和一个垫圈组成。高强度螺栓连接副应按批配套进场,并附有出厂质量保证书。高强度螺栓连接副应在同批内配套使用。

表53 大六角头高强度螺栓连接副组合

序号	螺 栓	螺 母	垫 圈
1	10.9S	10H	(35~45)HRC
2	8.8S	8H	(35~45)HRC

10.1.2 高强度螺栓连接副的运输和场内保存应符合下列要求:

a) 高强度螺栓连接副在安装使用前不得随意开箱。

b) 高强度螺栓连接副在运输、保管过程中,应防雨、防潮,轻装、轻卸,防止损坏螺纹。

c) 高强度螺栓连接副应按包装箱上注明的批号、规格分类保管;室内存放、堆放,应有防止生锈、潮湿及沾染脏物等措施,工地存储高强度螺栓连接副时,应存放在干燥、通风、防雨、防潮的仓库内。

d) 高强度螺栓连接副的保管时间不应超过6个月。当保管时间超过6个月后使用时,应按要求重新进行扭矩系数或紧固轴力试验,检验合格后方可使用。

e) 高强度螺栓连接副使用前应进行外观检查,表面应油膜正常、无污物。

f) 高强度螺栓连接副开箱使用时,应核对螺栓直径、长度。

g) 高强度螺栓连接副使用过程中,不得淋雨,不得接触泥土、油污等脏物。

h) 安装时,领取相应规格、数量、批号的高强度螺栓,当天没有用完的连接副,应装回干燥、清洁的包装箱内,妥善保管。

10.2 制孔

10.2.1 钻孔前,应对工件进行校直或整平。

10.2.2 高强度螺栓孔应采用钻孔成型,不得采用冲孔、气割孔。螺栓孔应成正圆柱形,孔壁表面粗糙度 *Ra* 不应大于25μm,孔边应无刺屑、无飞边、无毛刺、无损伤和不平。孔圆度偏差为±0.5。检验方法为:观察检查,用游标卡尺,比照样块等检查。

10.2.3 螺栓标准孔径和孔径允许偏差应符合表54的规定。检验方法为:用游标卡尺、钢卷尺、拉力器、钢板尺检查。

表54 螺栓标准孔径及允许偏差

序号	螺 栓 规 格	螺栓标准孔径(mm)	孔径允许偏差(mm)
1	M8	10	0, +0.5
2	M10	12	0, +0.5
3	M12	14	0, +0.5

表 54　螺栓标准孔径及允许偏差(续)

序号	螺 栓 规 格	螺栓标准孔径(mm)	孔径允许偏差(mm)
4	M16	18	0, +0.5
5	M20	22	0, +0.7
6	M22	24	0, +0.7
7	M24	26	0, +0.7
8	M27	30	0, +1.0
9	M30	33	0, +1.0
10	>M30	$d+3$(d为螺栓公称直径)	0, +1.0

10.2.4　螺栓孔的孔壁垂直度偏差应符合以下要求。检验方法为:用游标卡尺、钢卷尺、拉力器、钢板尺检查。

a)　板厚≤30mm 时,孔壁垂直度不大于 0.3mm;

b)　板厚>30mm 时,孔壁垂直度不大于 0.5mm。

10.2.5　标准圆孔均应采用量规检查,其通过率应符合下列规定:

a)　用比孔的公称直径小 1.0mm 的量规检查,每组至少应通过 85%;

b)　用比螺栓公称直径大 0.2mm 或 0.3mm 的量规检查(M22 及以下规格为大 0.2mm,M24 ~ M30 规格为大 0.3mm),应全部通过。

10.2.6　螺栓孔距允许偏差应符合表 55 的规定。设计文件孔距允许偏差有要求时,应满足设计文件的要求。检验方法为:观察检查,用游标卡尺、钢卷尺、拉力器、直角尺、钢板尺、塞尺、样块等检查,质量应符合本章的规定。

表 55　螺栓孔距允许偏差

序号	名　称		允许偏差(mm)				
			主 要 构 件				次 要 构 件
			钢箱梁	桁梁	板梁	钢塔	
1	两相邻孔距		±0.5	±0.4	±0.4	±0.4	±1.0[a]
2	同一孔群任意两孔距		±0.8	±0.8	±0.8	±0.8	±1.0(±1.5[a])
3	多组孔群两相邻孔群中心距		—	±0.8	±1.5	±0.8	±1.5
4	两端孔群中心距	L≤11m	±1.5[b]	±4.0[c]	±1.5[b]	—	±1.5
		L>11m	±2.0	±8.0[c]	±2.0	—	±2.0
5	群孔中心线与构件中心线的横向偏移	腹板不拼接	—	2.0	2.0	—	2.0
		腹板拼接	—	1.0	1.0	—	—
6	构件任意两面孔群主横向错位		—	1.0	—	1.0	—
7	孔与自由边距[d]		±2.0				

[a] 附属件结构的允许偏差。

[b] 桥面板单元 U 肋两端的孔群中心距允许偏差,进行预拼装特配拼接板可放宽。

[c] 连接支座的孔群中心距允许偏差。

[d] 连接板安装后,不与其他构件相连的,正差不受此限。

10.2.7 螺孔不满足本指南10.2.2～10.2.6的要求时,制造单位应编制螺孔修正方案,报请设计单位和监理单位批准。螺孔修正处理后应作出记录。

10.2.8 采用不同的工装、工艺钻制出的第一根构件或零件,均应经制造单位的质检人员和监理工程师检查,合格后方可进行后续的批量钻孔施工。

10.3 高强度螺栓连接副

10.3.1 高强度大六角头螺栓连接副应进行扭矩系数、螺栓楔负载、螺母保证载荷检验,其检验方法和结果应符合《钢结构用高强度大六角头螺栓、大六角螺母、垫圈技术条件》(GB/T 1231)的规定。高强度大六角头螺栓连接副扭矩系数的平均值及标准偏差应符合表56的要求。

表56 高强度大六角头螺栓连接副扭矩系数平均值及标准偏差[a]

连接副表面状况	扭矩系数平均值	扭矩系数标准偏差
符合现行国家标准《钢结构用高强度大六角头螺栓、大六角螺母、垫圈技术条件》(GB/T 1231)的要求	0.11～0.15	≤0.01
[a] 每套连接副只做一次试验,不应重复使用。试验时,垫圈发生转动,试验无效。		

10.3.2 扭剪型高强度螺栓连接副应进行紧固轴力、螺栓楔负载、螺母保证载荷检验,其检验方法和结果应符合《钢结构用扭剪型高强度螺栓连接副》(GB/T 3632)规定。扭剪型高强度螺栓连接副的紧固轴力平均值及标准偏差应符合表57的要求。

表57 扭剪型高强度螺栓连接副紧固轴力平均值及标准偏差[a]

螺栓公称直径		M16	M20	M22	M24	M27	M30
紧固轴力值(kN)	最小值	100	155	190	225	290	355
	最大值	121	187	231	270	351	430
标准偏差(kN)		≤10.0	≤15.4	≤19.0	≤22.5	≤29.0	≤35.4
[a] 每套连接副只做一次试验,不应重复使用。试验时,垫圈发生转动,试验无效。							

10.4 高强度螺栓连接处的钢板表面处理和摩擦面抗滑移系数检验

10.4.1 高强度螺栓连接处的钢板表面处理方法及除锈等级应符合设计要求。连接处钢板表面应平整、无焊接飞溅、无毛刺、无油污。经处理后的摩擦型高强度螺栓连接的摩擦面抗滑移系数应符合设计要求。经处理后的高强度螺栓连接处摩擦面应采取保护措施,防止沾染脏物和油污。不应在高强度螺栓连接处摩擦面上做标记。

10.4.2 摩擦面的抗滑移系数应按本指南附录F的规定进行检验,抗滑移系数检验的最小值应大于或等于设计规定值。当不符合上述规定时,构件摩擦面应重新处理。处理后的构件摩擦面应按本节规定重新检验。

11 预拼装与试拼装

11.1 一般规定

11.1.1 预拼装和试拼装应在构件涂装前进行,用于预拼装和试拼装的构件均应检验合格。

11.1.2 预拼装和试拼装应在胎架上进行,胎架应满足以下要求:

a) 胎架应有足够的强度和刚度,稳定可靠,满足支撑、定位、固定、操作等工作需要。胎架基础应有足够的承载能力。

b) 胎架应设置预拱度,满足构件几何线形的要求。

c) 每一轮次预拼装和试拼装前,均应对胎架高程进行检测,合格后方可进行本轮次的预拼装和试拼装。

d) 胎架纵向中心线偏差不应大于 0.5mm,采用激光经纬仪或不低于激光经纬仪精度的测试仪器进行检测。

e) 应采用激光经纬仪或不低于激光经纬仪精度的水准仪胎架高程进行检测,其偏差不应大于 ±1mm。

f) 胎架模板与组拼构件接触的平面应打磨平滑、光顺,棱边应倒 R 2mm 圆角。

11.1.3 预拼装、试拼装施工时,应符合起重吊装、高空作业安全管理的相关规定。

11.1.4 预拼装、试拼装时,应模拟构件在现场拼装时的受力状态。

11.1.5 高强度螺栓连接构件试拼装应满足以下要求:

a) 试拼装时,应使板层密贴,冲钉不宜少于螺栓孔总数的 10%,螺栓不宜少于螺栓孔总数的 20%,且冲钉和螺栓数量分别不应小于 2 个;

b) 试拼装过程中应检查拼接处有无相互抵触情况,有无不易施拧螺栓;

c) 试拼装时,应采用试孔器检查所有螺栓孔。

11.1.6 高强度螺栓连接构件预拼装应满足以下要求:

a) 预拼装几何尺寸检测合格后,应进行拼接板配置,并按图编号,以便现场安装核对;

b) 配置拼接板后,应按本指南 11.1.5 的要求对拼接板和螺栓孔进行检查。

11.1.7 磨光顶紧处应有 75% 以上的面积密贴,用 0.2mm 塞尺检查,其塞入面积不应超过 25%。

11.1.8 当实际构件的测试精度可以满足预拼装精度要求时,也可采用计算机模拟预拼装。

11.2 工形钢梁和槽形钢梁

11.2.1 首批制造,以及改变工艺装备或工艺装备大修后首批制造的工形钢梁和槽形钢梁,应按试拼装图进行试拼装。

11.2.2 成批制造的简支梁每制造 15 孔为一个批次,不足 15 孔的部分按一个批次计算;成批制造的连续梁,每制造 5 联为一个批次,不足 5 联的部分按一个批次计算;每一个批次应按试拼装图进行一次试拼装。

11.2.3 工形钢梁和槽形钢梁宜采用钢梁全长试拼装。场地受限制时,可按桥跨整孔逐跨试拼装,试拼装长度不小于桥跨跨径,相邻跨的首尾梁段,除应参与本轮次试拼装外,还应分别参与前后跨轮次试拼装的匹配,每一轮试拼装应根据试拼装图调整试拼装胎架的高程和线形。

11.2.4 工形钢梁和槽形钢梁试拼装的主要尺寸允许偏差应满足表 58 的要求。

表 58 工形钢梁和槽形钢梁试拼装主要尺寸允许偏差

序号	名称		允许偏差(mm)	备注
1	跨度 L		±8	
2	梁全长		±15	
3	梁高 H	$H \leq 2$m	±2	
		$H > 2$m	±4	
4	主梁中心距		±3	

表 58　工形钢梁和槽形钢梁试拼装主要尺寸允许偏差(续)

序号	名　称	允许偏差(mm)	备　注
5	拱度	+10, -3	与计算拱度相比
6	旁弯	≤L/5000,且≤5	桥梁中心线与其试拼装全长 L 的两端按中心所连直线的偏差
7	两相邻梁段上下翼缘错边量	≤2	
8	两相邻梁段腹板错边量	≤2	
9	相邻两主梁横断面对角线差	≤8	
10	两片梁相对拱度差	≤4	
11	平联节间对角线差	≤3	
12	横联对角线差	≤4	
13	主梁倾斜	≤5	
14	支点处高低差	≤3	3 个支座处水平时,另一支座处翘起高度

11.2.5　高强度螺栓连接时,应用试孔器检查所有螺栓孔。螺栓孔应 100% 自由通过较设计孔径小 1.0mm的试孔器。

11.3　钢箱梁

11.3.1　首批制造,以及改变工艺装备或工艺装备大修后首批制造的钢箱简支梁或钢箱连续梁,应按试拼装图进行试拼装。

11.3.2　成批制造的钢箱简支梁,每制造 15 孔为一个批次,不足 15 孔的部分按一个批次计算;成批制造的钢箱连续梁,每制造 5 联为一个批次,不足 5 联的部分按一个批次计算;每一个批次应按试拼装图进行一次试拼装。

11.3.3　钢箱梁宜采用钢梁全长试拼装。场地受限制时,可按桥跨整孔逐跨试拼装,试拼装长度不小于桥跨跨径;相邻跨的首尾梁段,除应参与本轮次试拼装外,还应分别参与前后跨轮次试拼装的匹配。每一轮试拼装应根据试拼装图调整试拼装胎架的高程和线形。

11.3.4　一般钢箱梁试拼装的主要尺寸允许偏差应满足表 59 的要求。

表 59　一般钢箱梁试拼装主要尺寸允许偏差

序号	名　称		允许偏差(mm)	备　注
1	跨度 L		±8	
2	梁全长		±15	
3	梁高 H	H≤2m	±2	
		H>2m	±4	
4	箱梁腹板间距		±2	
5	梁宽		±4	
6	主梁中心距		±3	

表 59　一般钢箱梁试拼装主要尺寸允许偏差(续)

序号	名　　称	允许偏差(mm)	备　　注
7	拱度	+10, -3	与计算拱度相比
8	旁弯	≤L/5000,且≤5	桥梁中心线与其试拼装全长 L 的两端按中心所连直线的偏差
9	两相邻梁段上下翼缘错边量	≤2	
10	两相邻梁段腹板错边量	≤2	
11	相邻两主梁横断面对角线差	≤8	
12	两片梁相对拱度差	≤4	
13	平联节间对角线差	≤3	
14	横联对角线差	≤4	
15	主梁扭曲	≤5	
16	支点处高低差	≤3	3 个支座处水平时,另一支座处翘起高度

11.3.5　大型扁平钢箱梁宜采用钢梁全长预拼装;场地受限制时,可按施工图设计的连接顺序将部分梁段分轮次预拼装,每轮预拼装梁段不宜少于 5 段,每次留 1 段参与下一轮预拼装的匹配,每一轮预拼装应根据预拼装图调整预拼装胎架的高程和线形,预拼装线形应符合设计或施工监控指令要求。

11.3.6　大型扁平钢箱梁全长或节段预拼装的主要尺寸允许偏差应满足表 60 的要求。

表 60　大型扁平钢箱梁全长或节段预拼装主要尺寸允许偏差

<table>
<tr><th>序号</th><th colspan="2">名　　称</th><th>允许偏差(mm)</th><th>备　　注</th></tr>
<tr><td>1</td><td colspan="2">长度 L</td><td>±2n, ±20;取两者绝对值较小者</td><td>n 为梁段数</td></tr>
<tr><td rowspan="3">2</td><td rowspan="3">顶板宽度 B</td><td>B≤12.5m</td><td>±4</td><td></td></tr>
<tr><td>12.5m < B≤19.5m</td><td>±6</td><td></td></tr>
<tr><td>B > 19.5m</td><td>±8</td><td></td></tr>
<tr><td rowspan="2">3</td><td rowspan="2">梁高 H</td><td>H≤2.0m</td><td>±2</td><td rowspan="2">测两端腹板处高度</td></tr>
<tr><td>H > 2.0m</td><td>±4</td></tr>
<tr><td rowspan="2">4</td><td rowspan="2">端面对角线差</td><td>单箱</td><td>≤4</td><td></td></tr>
<tr><td>双箱</td><td>≤8</td><td></td></tr>
<tr><td>5</td><td colspan="2">梁段中心线错位</td><td>≤1</td><td>梁段中心线与桥轴中心线偏差</td></tr>
<tr><td>6</td><td colspan="2">左右支点(吊点)高度差</td><td>≤5</td><td></td></tr>
<tr><td>7</td><td colspan="2">两箱梁中心距</td><td>±5</td><td>测两侧腹板间距</td></tr>
<tr><td>8</td><td colspan="2">两相邻吊点(锚固点)间距</td><td>±3</td><td>测锚箱或吊点间距</td></tr>
<tr><td>9</td><td colspan="2">竖曲线或预拱度</td><td>+10, -5</td><td>测横隔板处桥面高程</td></tr>
<tr><td>10</td><td colspan="2">旁弯</td><td>≤3 + 0.1L_m,且≤6</td><td>测桥面中心线的平面内偏差,L_m 为任意 3 个拼装梁段长度,以 m 计</td></tr>
</table>

表60 大型扁平钢箱梁全长或节段预拼装主要尺寸允许偏差(续)

序号	名　　称	允许偏差(mm)	备　　注
11	两相邻梁段接口错边量	≤1	梁段匹配接口处安装匹配件后
12	纵肋直线度	≤2	梁段匹配接口处
13	螺孔孔距	±1	相邻梁段(对于特配拼接板不受此项限制)
14	扭曲	≤5	3个支座处水平时,另一支座处翘起高度(指每一个梁段)

11.3.7　高强度主螺栓连接时,应用试孔器检查所有螺栓孔。螺栓孔应100%自由通过较设计孔径小1.0mm的试孔器。

11.4　钢桁梁

11.4.1　首批制造,以及改变工艺装备或工艺装备大修后首批制造的钢桁梁,应按试拼装图进行试拼装。

11.4.2　成批制造的钢桁梁,每制造15孔为一个批次,不足15孔的部分按一个批次计算;每一个批次应按试拼装图进行一次试拼装。

11.4.3　钢桁梁宜采用钢梁全长试拼装。场地受限制时,可按桥跨整孔逐跨试拼装,试拼装长度不小于桥跨跨径,相邻跨的首尾梁段,除应参与本轮次试拼装外,还应分别参与前后跨轮次的试拼装。

11.4.4　钢桁梁节段试拼装和钢桁梁试拼装的主要尺寸允许偏差应分别满足表61、表62的要求。

表61 钢桁梁节段试拼装的主要尺寸允许偏差

序号	名　　称		允许偏差(mm)	备　　注
1	节间长度		±2	
2	桁高		±2	上下弦中心距离
3	旁弯		≤l/500	桥面系中线与其试拼装全长l的两端中心所在直线的偏差
4	试拼装全长		±5	l≤50000mm
			±l/10000	l>50000mm
5	拱度		±5	当f≤60mm时(f为计算拱度)
			±l/10000	当f>60mm时(f为计算拱度)
6	对角线		±3	每个节间
7	主桁中心距	两片主桁	±3	
		三片主桁	±2.5	边桁至中桁的中心距离
			±5	边桁至边桁的中心距离

表 62　钢桁梁试拼装的主要尺寸允许偏差

序号	名　　称		允许偏差(mm)	备　　注	
1	长度 L	$L \leqslant 50$m	±5		见立面图
		$L > 50$m	$\leqslant L/10000$,且$\leqslant 10$		
2	两相邻节点间距 L_1		±3	两相邻节段的相邻节点纵向间距	
3	两相邻锚点间距 L_2		±5	两相邻节段的相邻锚箱锚点纵向间距	
4	斜杆端部高度 h		±2	斜杆孔群预弦杆孔群间距	
5	横联顺桥向位置偏差 Δ_1		≤5	各横联中心与竖杆中心线的偏差	
6	主桁中心线直线度(旁弯)		$\leqslant L/5000$,且$\leqslant 10$	桁片中心线与预拼装全长两端中心连线的偏差,测节点处	见平面图
7	桁片纵向偏差 Δ_2		≤10	测中桁与同一节点编号处两边桁连线间的偏差	
8	纵梁至主桁距离 L_0		≤2	测两端	
9	平面对角线差	$\lvert L_1 - L_2 \rvert$	$\leqslant 5 + (n+1)$	预拼全长范围,两边桁之间,n 为预拼装节段数量	
		$\lvert L_3 - L_4 \rvert$	≤5	单个节段,两边桁之间	
		$\lvert L_5 - L_6 \rvert$	≤3	单个节段,边桁与中桁之间	
10	桁高 H		±3		见断面图
11	桁宽	B	±5	节点处及预拼装两端两边桁弦杆中心距	
		B_1	±3	节点处及预拼装两端边桁与中桁中心距	
12	锚点间距 B_2		±5	同一节点编号处边与中桁锚点的横桥向间距	
13	端面对角线差	$\lvert L_1 - L_2 \rvert$	≤3	预拼装两端横断面,边桁与中桁	
		$\lvert L_3 - L_4 \rvert$	≤5	预拼装两端横断面,边桁与边桁	
14	斜杆处横断面对角线差	$\lvert L_5 - L_6 \rvert$	≤3	预拼装两端横断面,斜杆端部至与之相连接的上(下)弦杆端部,边桁与中桁	
		$\lvert L_7 - L_8 \rvert$	≤5	预拼装两端横断面,斜杆端部至与之相连接的上(下)弦杆端部,边桁与边桁	
15	节点中心高度差 H_1		+5,0	节点处两边桁弦杆中心与中桁中心点的高度差(中桁高于边桁时的差值为正)	

表 62　钢桁梁试拼装的主要尺寸允许偏差(续)

序号	名　　称		允许偏差(mm)	备　　注	
16	横联高度差 H_2		±5	上弦杆至横联水平撑杆的竖向距离	
17	预拱度	计算预拱度≤60mm	±2	各节点位置的下弦杆下水平板处	
		计算预拱度＞60mm	±5f/100,且≤10	f 为计算预拱度	
18	下层桥面高程		±5	桥面板四角有横梁位置	
19	上层桥面高程		±8	桥面板四角有横梁位置	
20	节段间对接错边		≤1.5	节点焊接接口处安装匹配件后	
21	桁片垂直度		≤3	上、下弦杆中心线横向偏差	

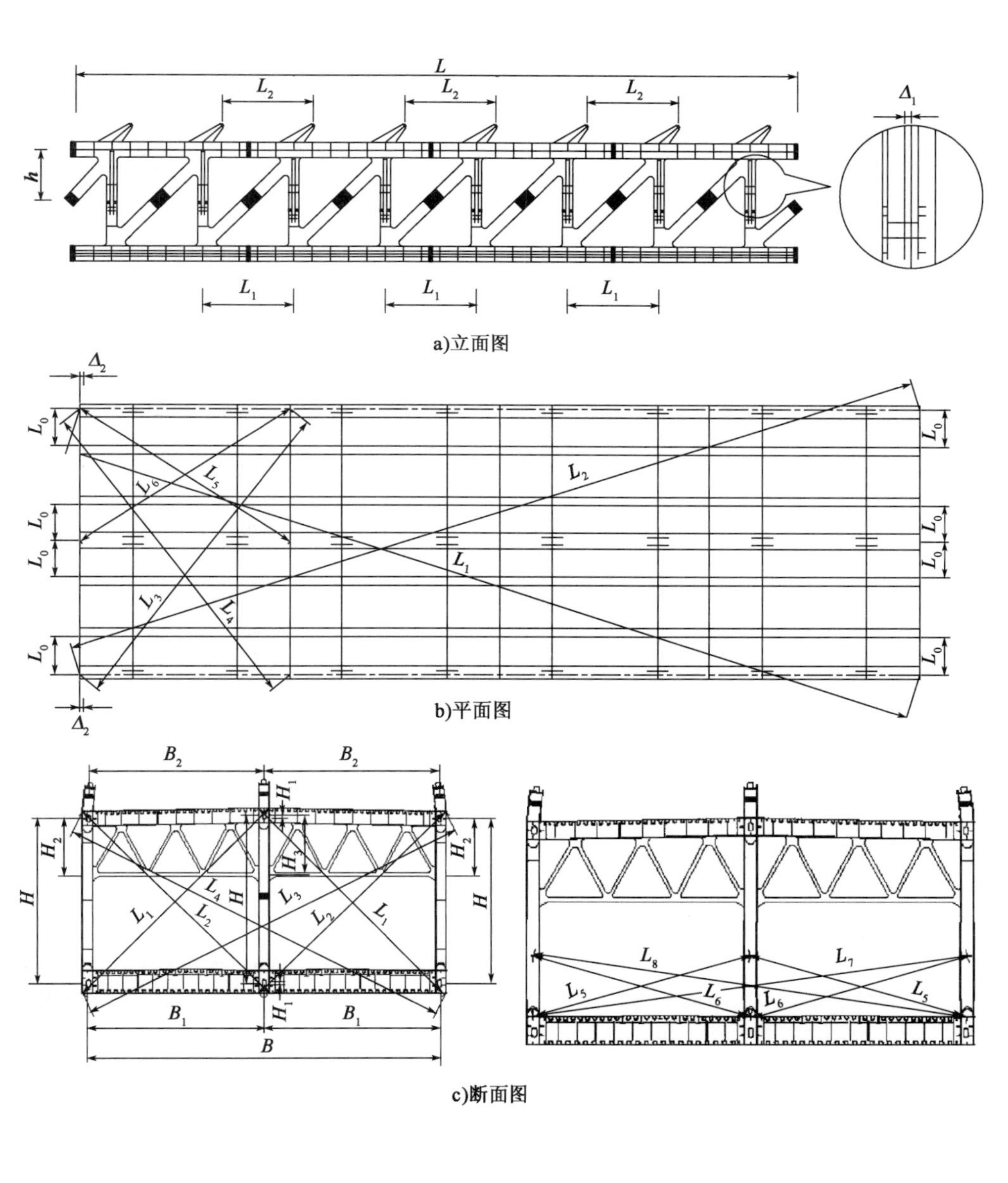

a)立面图

b)平面图

c)断面图

11.4.5 高强度螺栓连接时,应采用试孔器检查所有螺栓孔。钢桁梁的主桁螺栓孔应100%自由通过较设计孔径小0.75mm的试孔器;桥面系和联结系的螺栓孔应100%自由通过较设计孔径小1.0mm的试孔器。

11.5 钢箱拱

11.5.1 钢箱拱宜采用全长试拼装。场地受限制时可分两次试拼装,每次试拼装长度不小于1/2拱肋长度,拱顶节段应同时参与每轮次试拼装,每一轮试拼装应根据试拼装图调整试拼装胎架的高程和线形。

11.5.2 钢箱拱试拼装的主要尺寸允许偏差应满足表63的要求。

表63 钢箱拱节段试拼装主要尺寸允许偏差

序号	名称		允许偏差(mm)	备注
1	箱宽度 B		±4	
2	箱高 H	$H \leq 2.0$m	±2	测两端腹板处高度
		$H > 2.0$m	±4	
3	端面对角线差		≤4	
4	两拱脚间跨度或两端面与拱轴线交点间距离(弦长)		±10	
5	拱肋矢高		±10	
6	拱段中心线错位		≤1	节段中心线与桥轴中心线偏差
7	两相邻吊点(锚固点)间距		±3	测锚箱或吊点间距
8	竖曲线或预拱度		+10,-5	测横隔板处高程
9	旁弯		$\leq 3 + 0.1L_m$,且≤6	测桥面中心线的平面内偏差,L_m为任意3个拼装节段长度,以m计
10	两相邻梁段接口错边量		≤1	节段匹配接口处安装匹配件后
11	纵肋直线度		≤2	梁段匹配接口处
12	螺孔孔距		±1	相邻节段(对于特配拼接板不受此项限制)
13	扭曲		≤5	

11.5.3 高强度螺栓连接时,应采用试孔器检查所有螺栓孔。钢箱拱顶底板和腹板拼接螺栓孔应100%自由通过较设计孔径小0.75mm的试孔器;其他螺栓孔应100%自由通过较设计孔径小1.0mm的试孔器。

11.6 钢桁拱

11.6.1 钢桁拱宜采用全长立体试拼装。场地受限制时可采用节段次试拼装,每次试拼装长度5个节段,每轮次试拼装应留下一个节段参与下一轮次的匹配拼装,每一轮试拼装应根据试拼装图调整预拼装胎架的高程和线形。场地受限制时,拱脚区域宜采用立体试拼装,其余部分可采用拱桁平面卧式试拼装。

11.6.2　钢桁拱试拼装的主要尺寸允许偏差应满足表62的要求。

11.6.3　高强度螺栓连接时,应用试孔器检查所有螺栓孔。钢桁拱的主桁螺栓孔应100%自由通过较设计孔径小0.75mm的试孔器;桥面系和联结系的螺栓孔应100%自由通过较设计孔径小1.0mm的试孔器。

11.7　钢塔

11.7.1　钢塔节段可采用竖直式(立式)或水平式(卧式)预拼装。

11.7.2　钢塔节段立式预拼装应符合以下规定:

a)　立式预拼装应按照设计连接顺序依次进行。每次预拼装不应少于2个节段,对端面接触率、螺栓孔的位置、轴线偏位等情况进行检查,每轮次预拼装应留下一个节段参与下一轮次的匹配拼装。每次立式预拼装的节段数量少于4个时,立式预拼装合格后还应进行多节段卧式预拼装,每轮卧式预拼装不宜少于5个节段。

b)　立式预拼装工作平台应具有足够的刚度及顶面平面精度,其刚度应满足不因荷载增加产生的变形,其平面精度应不小于钢塔柱端面加工精度。

c)　立式预拼装前,应将端面上存留的残留物清除干净。金属接触率检查前应清除接触面边缘的机加工毛刺,避免其对金属接触率的影响。

d)　金属接触率检查:以0.04mm的塞尺插入深度不超过板厚的1/3为密贴;插入深度超过板厚的1/3为不密贴;测量点按设计规定执行,每个顶紧处都应有检查记录。

e)　钢塔节段立式预拼装主要尺寸允许偏差应符合表64的规定。

表64　钢塔节段立式预拼装主要允许尺寸允许偏差

序号	名　称		允许偏差	备　注
1	预拼长度(mm)		±2n	n为预拼装钢塔节段数量
2	垂直度		≤1/6000	
3	错边量(mm)		≤2	个别角点,3mm
4	端面接触率(%)	壁板	≥50	
		腹板	≥40	
		加劲肋	≥25	

11.7.3　钢塔节段卧式预拼装应符合下列规定:

a)　卧式预拼装应在胎架上进行,胎架要有足够的刚度及平面度,其刚度应满足不因荷载的增加而产生变形;

b)　应设置临时连接匹配件并标识;

c)　金属接触率检查前,应清除接触面边缘的机加工毛刺,以减少对金属接触率的影响;

d)　端面金属接触率检查:以0.2mm的塞尺检查,其塞入面积不超过25%;

e)　用试孔器检查所有的螺栓孔,所有螺栓孔应100%自由通过较设计孔径小1.0mm的试孔器方可认为合格;

f)　钢塔节段卧式预拼装主要尺寸允许偏差应符合表65的规定。

表 65 钢塔节段卧式预拼装主要尺寸允许偏差

<table>
<tr><th>序号</th><th colspan="3">名 称</th><th>允 许 偏 差</th><th>备 注</th></tr>
<tr><td rowspan="6">1</td><td rowspan="6">钢塔节段间预拼装</td><td colspan="2">预拼长度(mm)</td><td>±2.0n
(n 为预拼装钢塔节段数量)</td><td rowspan="10"> 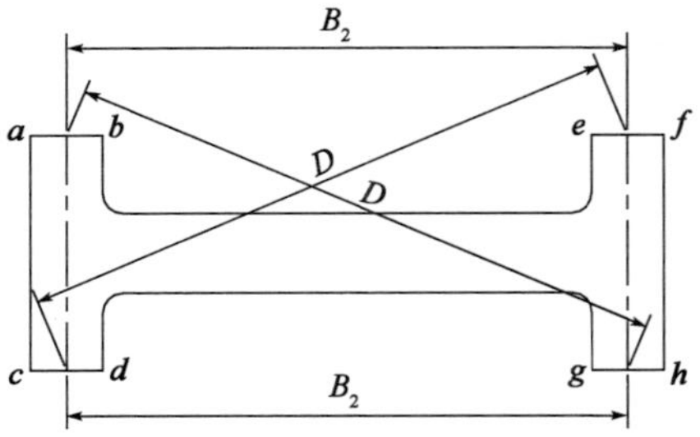</td></tr>
<tr><td colspan="2">垂直度</td><td>≤1/6000</td></tr>
<tr><td colspan="2">错边量(mm)</td><td>≤2</td></tr>
<tr><td rowspan="3">端面接触率(%)</td><td>壁板</td><td>≥50</td></tr>
<tr><td>腹板</td><td>≥40</td></tr>
<tr><td>加劲肋</td><td>≥25</td></tr>
<tr><td rowspan="4">2</td><td rowspan="4">钢塔节段及横梁预拼装</td><td colspan="2">对角线 D</td><td>≤3</td></tr>
<tr><td colspan="2">横梁直线度(两端)</td><td>±3</td></tr>
<tr><td colspan="2">钢塔节段中心距</td><td>±2</td></tr>
<tr><td colspan="2">错边量</td><td>≤2</td></tr>
</table>

11.8 钢锚梁及牛腿

单节钢锚梁与钢牛腿进行试拼装,主要尺寸允许偏差见表 66。

表 66 钢锚梁及牛腿试拼装主要尺寸允许偏差

序号	名 称	允许偏差(mm)
1	预埋钢板斜度	≤2
2	锚梁底板与牛腿托架顶板密贴间隙	≤0.5
3	两侧牛腿壁板间距	±3

12 涂装

12.1 一般规定

12.1.1 桥梁钢结构的涂装分为工厂涂装和工地涂装,应尽可能减少工地涂装工作量。箱形构件的内表面涂装以及构件外表面的底漆和中间漆应在工厂施工,除外表面最后一道面漆之外的其余面漆宜在工厂施工。工地焊接的焊缝区域,焊缝两侧各 50mm 范围在工厂不做涂装,喷砂后用胶带保护,工地焊接完成后,按其所在部位涂装要求在工地修补各涂层。

12.1.2 涂料供应商和施工单位应获得《质量管理体系 要求》[GB/T 19001(ISO 9001)]、《环境管理体系 要求及使用指南》[GB/T 24001(ISO 14001)]和《职业健康安全管理体系 要求》[GB/T 28001(OHSAS 18001)]认可证书,具备提供技术服务和履约的能力。

12.1.3 涂装施工单位应具有防腐保温二级及以上资质或为国家一级及以上企业,具备保证工程安全、质量的能力。

12.1.4 涂装施工人员应通过涂装专业培训。关键施工工序(喷砂、喷漆、质检)的施工人员应获得涂装中级工及以上证书。特种作业人员应具备相应资格。

12.1.5　涂料材料品种、规格、技术性能指标,应符合设计文件和本指南附录 A.4 中相关技术规范的要求。选用的涂装材料应性能可靠、防蚀性好、耐候性好,防护年限应满足设计图纸规定的年限要求,色彩满足设计文件的景观要求。涂料材料应具有完整的出厂质量证明书。

12.1.6　涂装施工前应完成以下工作:

a)　应按本指南附录 E 的要求进行涂装材料复验,经复检合格后方可使用。

b)　应进行涂装工艺试验,监理工程师应见证试验全过程。

c)　应按本指南附录 F 的要求进行高强度螺栓连接摩擦面的抗滑移系数试验。

d)　应进行钢材表面处理。

12.1.7　涂装施工应符合以下安全、卫生要求:

a)　涂装作业安全、卫生应符合《涂装作业安全规程　涂漆工艺安全及其通风净化》(GB 6514)、《涂装作业安全规程　安全管理通则》(GB 7691)、《涂装作业安全规程　涂漆前处理工艺安全及其通风净化》(GB 7692)和《建筑防腐蚀工程施工规范》(GB/T 50212)的有关规定。

b)　涂装作业场所空气中有害物质不超过最高允许浓度。

c)　施工现场应远离火源,不允许堆放易燃、易爆和有毒物品。

d)　涂料仓库及施工现场应有消防水源、灭火器和消防工器具,并应定期检查。消防道路应畅通。

e)　密闭空间涂装作业应使用防爆灯、器具,安装防爆报警装置;作业完成后油漆在空气中的挥发物消散前,不得进行电焊修补作业。

f)　施工人员应正确穿戴工作服、口罩、防护镜等劳动保护用品。

g)　所有电器设备应绝缘良好,临时电线应选用胶皮线,工作结束后应切断电源。

h)　工作平台的搭建应符合有关安全规定。高空作业人员应具备高空作业资格。

12.1.8　涂装施工应符合以下环境保护要求:

a)　涂料产品的有机挥发物含量(VOC)应符合国家有关法律法规要求;

b)　保持施工现场清洁,产生的垃圾等应及时收集并妥善处理。

12.2　表面处理

12.2.1　构件在喷砂除锈前应进行如下的结构预处理:

a)　粗糙焊缝打磨光顺,焊接飞溅物用刮刀或砂轮机除去。焊缝上深为 0.8mm 以上或宽度小于深度的咬边应补焊处理,并打磨光顺;

b)　锐边用砂轮打磨成曲率半径为 2mm 的圆角;

c)　切割边的峰谷差超过 1mm 时,打磨到 1mm 以下;

d)　表面层叠、裂缝、夹杂物,须打磨处理,必要时补焊。

12.2.2　喷砂前应按表 67 的要求进行钢结构表面清理。

表 67　喷砂前钢结构表面清理要求

序号	类　别	清理方法	检测方法	检验标准	
1	油污	专用清洗剂清洗(或擦洗)	—	无可见油迹	洒水法检验或按 GB/T 13312(验油试纸法)检验
2	可溶性盐分	高压淡水冲洗	盐分测试仪	可溶性氯化物含量 $\leqslant 7\mu g/cm^2$	GB/T 18570.6 和 GB/T 18570.9、ISO 8502-9:1998(水溶性盐电导率测量法)

表 67　喷砂前钢结构表面清理要求(续)

序号	类　　别	清理方法	检测方法	检验标准	
3	表面灰尘	真空吸尘器或无油、无水的压缩空气	—	表面灰尘清洁度≤3 级	GB/T 18570.3
4	粉笔记号、涂料等附着物	人工清除	—	无可见杂物	目测

12.2.3　涂装施工前,应采用喷砂或抛丸等方法进行除锈,除锈等级和粗糙度应符合设计文件要求,并应符合《公路桥梁钢结构防腐涂装技术条件》(JT/T 722)的规定。

12.2.4　在已涂无机硅酸锌、无机富锌或其他类车间底漆的钢结构外表面再涂装油漆前,应根据涂装体系设计要求采用喷砂或机械打磨方法进行二次表面处理,并应满足以下要求:

a)　无机硅酸锌、无机富锌车间底漆完好的部位,可采用扫砂拉毛方法除去表面锌盐,并对焊缝、锈蚀处喷砂除锈至 GB/T 8923(涂覆涂料前钢材表面处理　表面清洁度的目视评定:第 1 ~ 3 部分)规定的 Sa2.5 级;或采用打磨拉毛方法除去表面锌盐,并对焊缝、锈蚀处进行打磨,除锈清洁度达到 GB/T 8923 规定的 St3 级;

b)　对需要热喷涂的钢结构焊缝预留部分,应采用喷砂方法进行二次表面处理,除锈清洁度达到 GB/T 8923 规定的 Sa3.0 级。

12.2.5　除锈磨料应符合以下要求:

a)　磨料应存放于通风干燥的室内,应清洁、干燥、无油污等,必要时应采取烘焙措施,以确保所使用磨料的清洁、干燥及性能。

b)　根据表面粗糙度要求,选用合适粒度的磨料,喷砂用磨料宜采用多棱角钢砂和钢丸。

c)　喷射清理用金属磨料应符合《涂覆涂料前钢材表面处理　喷射清理用金属磨料的技术要求　导则和分类》(GB/T 18838.1)的规定。

d)　高碳铸钢丸、铸钢砂应符合《涂覆涂料前钢材表面处理　喷射清理用金属磨料的技术要求　第 3 部分:高碳铸钢丸、铸钢砂》(GB/T 18838.3)的规定,其性能指标应符合表 68 的要求。

e)　低碳铸钢丸应符合《涂覆涂料前钢材表面处理　喷射清理用金属磨料的技术要求　第 4 部分:低碳铸钢丸》(GB/T 18838.4)的规定。

f)　喷射清理用非金属磨料应符合《涂覆涂料前钢材表面处理　喷射清理用非金属磨料的技术要求　第 1 部分:导则和分类》(GB/T 17850.1)的规定。

g)　磨料不应含有超过 0.05‰(质量比)的可溶性盐,灰粉含量应符合《涂覆涂料前钢材表面处理　表面清洁度的评定试验　第 9 部分:水溶性盐的现场电导率测定法》(GB/T 18570.9)的要求。

表 68　钢砂和钢丸性能指标

<table>
<tr><th rowspan="3">磨料型号</th><th colspan="7">高碳钢丸砂筛分等级规格(%)</th><th colspan="6" rowspan="2">化学成分(质量分数,%)</th><th rowspan="3">维氏硬度(HV)</th><th rowspan="3">表观密度(kg/dm^3)</th></tr>
<tr><th colspan="7">筛网孔径(mm)</th></tr>
<tr><th>1.40</th><th>1.18</th><th>1.00</th><th>0.85</th><th>0.71</th><th>0.425</th><th>0.300</th><th>C</th><th>Mn</th><th>Si</th><th>S</th><th>P</th><th>H_2O</th></tr>
<tr><td>S330</td><td>0</td><td><5</td><td>—</td><td>>85</td><td>>96</td><td>—</td><td>—</td><td rowspan="3">0.8 ~ 1.2</td><td rowspan="3">0.35 ~ 1.2</td><td rowspan="3">≥0.4</td><td rowspan="3">≤0.05</td><td rowspan="3">≤0.05</td><td rowspan="3">≤0.2</td><td>390 ~ 530</td><td rowspan="3">≥7.0</td></tr>
<tr><td>G25</td><td>—</td><td>0</td><td>—</td><td>—</td><td>>70</td><td>>80</td><td>—</td><td>470 ~ 610</td></tr>
<tr><td>G40</td><td>—</td><td>—</td><td>0</td><td>—</td><td>—</td><td>>70</td><td>>80</td><td>570 ~ 710</td></tr>
<tr><td>检验标准</td><td colspan="7">《涂覆涂料前钢材表面处理　喷射清理用金属磨料的技术要求　第 3 部分:高碳铸钢丸、铸钢砂》(GB/T 18838.3)</td><td>ISO 9556</td><td>ISO 629</td><td>ISO 439</td><td>ISO 4935</td><td>ISO 10714</td><td>GB/T 19816.7</td><td>GB/T 19816.3</td><td>GB/T 19816.4</td></tr>
</table>

12.3 工厂涂装

12.3.1 涂装施工环境应符合以下要求：

a) 施工环境温度5℃～38℃，空气相对湿度不大于85%，并且钢材表面温度应高于露点温度3℃以上；

b) 在有雨、雾、雪、大风和较大灰尘的条件下，禁止户外施工；

c) 施工环境温度为-5℃～5℃时，应采用低温固化产品或采用其他措施；涂料本身的温度需符合产品说明书的规定；

d) 涂装后4h内不得受雨淋。

12.3.2 外表面在涂装底漆前应采用喷射方法进行二次表面处理；内表面无机硅酸锌车间底漆基本完好时，可不进行二次表面处理，但要除去表面盐分、油污等，并对焊缝、锈蚀处打磨至GB/T 8923规定的St3级。

12.3.3 厂内焊缝两侧每道涂层向内递减50mm～80mm，便于现场修补。

12.3.4 涂装前应仔细确认油漆的种类、名称、质量标准。对双组分油漆要明确混合比例，并搅拌均匀、熟化后使用。涂料配制和使用时间应符合以下要求：

a) 涂料应充分搅拌均匀后方可施工，推荐采用电动或气动搅拌装置。对于双组分或多组分涂料应先将各组分分别搅拌均匀，再按比例配制并搅拌均匀；

b) 混合好的涂料按照产品说明书的规定熟化；

c) 涂料的使用时间按产品说明书规定的适用期执行，超过使用时间涂料不得使用。

12.3.5 应按照设计要求和材料工艺进行底涂、中涂和面涂施工。每道涂层的间隔时间应符合材料供应商的有关技术要求。超过最大重涂间隔时间时，进行拉毛处理后涂装。

12.3.6 施工中随时检查湿膜厚度以保证干膜厚度满足设计要求。湿膜厚度检测按《色漆和清漆 漆膜厚度的测定》(GB/T 13452.2)的规定执行。

12.3.7 电弧喷涂应符合以下要求：

a) 电弧喷涂施工时，应在受喷面积上连续喷涂到规定厚度；

b) 喷涂用气体应清洁、干燥，喷涂气体压力应不低于0.5MPa；

c) 喷涂距离宜控制在150mm～300mm；

d) 喷涂时，喷涂微颗粒应尽可能垂直冲击基体表面，喷枪与被喷涂面的夹角应不小于60°；

e) 喷涂过程中，应经常对喷枪进行清洁，避免积聚金属粉尘；喷枪移动速度应均匀；当发现基体表面温度过高时，可暂停喷涂。

12.3.8 工厂涂装完成后应进行保护，防止运输和安装过程中损伤涂装。

13 检验与验收

13.1 一般规定

13.1.1 钢结构制造过程中应按工序对零件、板单元、组拼、焊缝和构件分别进行质量控制检验，前一道工序检验合格后方可进行后一工序的施工。

13.1.2 首制件应进行检验和验收，首制件验收合格后方可进行批量生产。

13.1.3 钢桥构件制造完成后应进行检验。

13.1.4 下列单位的人员应参加验收，技术复杂的项目可邀请相关专家一同参加验收。

a) 建设单位的项目负责人或建设单位委托人员；

b) 施工单位的项目技术负责人或施工单位委托人员；

c） 监理单位的项目总监或监理单位委托人员；

d） 检测单位的项目技术负责人或检测单位委托人员；

e） 设计单位的项目技术负责人或设计单位委托人员；

f） 对于有施工监控的项目，施工监控单位的项目技术负责人或施工监控单位委托人员。

13.1.5 钢桥首制件验收时，应具备下列文件：

a） 钢材、焊接材料和涂装材料的出厂质量证明书及复验资料；

b） 主要制造工艺文件；

c） 焊接工艺评定报告及其他主要工艺试验资料；

d） 工厂高强度螺栓摩擦面抗滑移系数试验报告；

e） 焊缝外观检验和无损检验报告；

f） 焊缝重大修补记录；

g） 产品试板试验报告；

h） 预拼装或试拼装检验报告。

13.1.6 构件尺寸检验方法：用直角尺、钢板尺、钢平尺、塞尺、平台、拉线、钢卷尺、经纬仪、水准仪检查。

13.1.7 构件内外表面采用观察检查方法检验，构件内外表面不应有凹痕、划痕、焊瘤、擦伤等缺陷，边缘无毛刺。

13.1.8 钢桥计量时，钢板宜按矩形计算，焊缝重量应按焊接构件重量的 1.5% 计。

13.1.9 产品试板、抗滑移系数试件、吊耳、加固结构及临时连接件采用的钢材，应按实际重量计入产品重量。

13.2 板单元

13.2.1 顶底板及腹板单元主要尺寸允许偏差应满足表 69 的规定。

表 69 顶底板及腹板单元主要尺寸允许偏差

序号	名称		允许偏差(mm)	简图
1	长度 L、宽度 B		±2	
2	对角线 D_1、D_2		≤4	
3	平面度 f	横向	≤S/250	
		纵向	≤5	
4	角变形 δ		$\delta \leq b/150$	
5	板边直线度 f		≤3	
6	板肋垂直度 f		≤2	
7	四角平面度 f		≤5	
8	纵向加劲肋间距 S、S_1	两端及隔板处	±1	
		其他部位	±2	
9	纵向加劲肋垂直度 f		±2	
10	横向加劲肋间距 S_2	两端	±1	
		其他部位	±2	
11	横向加劲肋垂直度 f		±2	

13.2.2 横隔板、纵隔板及横肋单元主要尺寸允许偏差应满足表 70 的规定。

表 70 横隔板、纵隔板及横肋单元主要尺寸允许偏差

<table>
<tr><th>序号</th><th>名 称</th><th>允许偏差(mm)</th><th>简 图</th></tr>
<tr><td>1</td><td>高度 H</td><td>±2</td><td rowspan="9">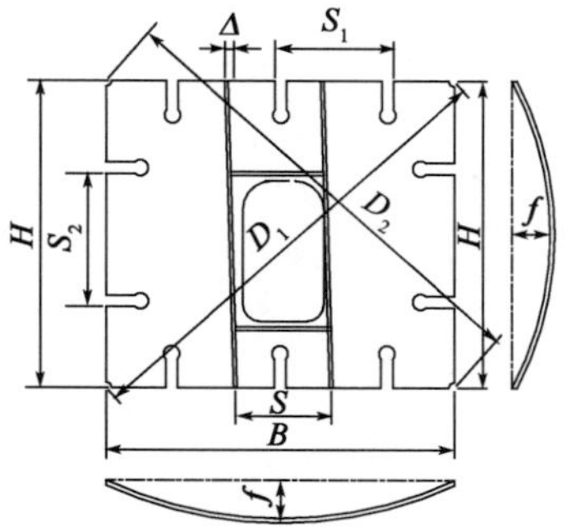
</td></tr>
<tr><td>2</td><td>宽度 B</td><td>±2</td></tr>
<tr><td>3</td><td>对角线 D_1、D_2</td><td>≤4</td></tr>
<tr><td>4</td><td>板边直线度 f</td><td>f≤B/150,且≤6</td></tr>
<tr><td>5</td><td>横向平面度 f</td><td>≤2</td></tr>
<tr><td>6</td><td>纵向平面度 f</td><td>≤1(1000 范围)</td></tr>
<tr><td>7</td><td>边缘处槽口间距 S_1、S_2</td><td>≤1</td></tr>
<tr><td>8</td><td>加劲肋间距 S</td><td>±2</td></tr>
<tr><td>9</td><td>加劲肋垂直度 Δ</td><td>±2</td></tr>
</table>

13.3 工形钢梁和槽形钢梁

13.3.1 工形钢梁和槽形钢梁主要尺寸允许偏差应满足表 71 的规定。

表 71 工形钢梁和槽形钢梁主要尺寸允许偏差

<table>
<tr><th>序号</th><th colspan="2">名 称</th><th>允许偏差(mm)</th><th>简 图</th></tr>
<tr><td>1</td><td colspan="2">钢梁长 L</td><td>±15</td><td rowspan="4">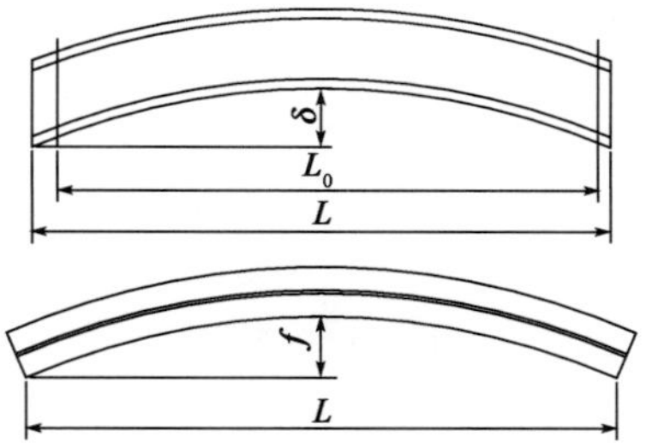
</td></tr>
<tr><td>2</td><td colspan="2">跨度 L_0(支点中心距)</td><td>±8</td></tr>
<tr><td>3</td><td colspan="2">拱度 δ(与计算拱度相比)</td><td>+10,-3</td></tr>
<tr><td>4</td><td colspan="2">旁弯 f(桥梁中心线与理论值的偏差)</td><td>≤L/5000,
且≤5</td></tr>
<tr><td rowspan="2">5</td><td rowspan="2">梁高 h(跨中和支点处腹板高度)</td><td>h≤2m</td><td>±2</td><td rowspan="6">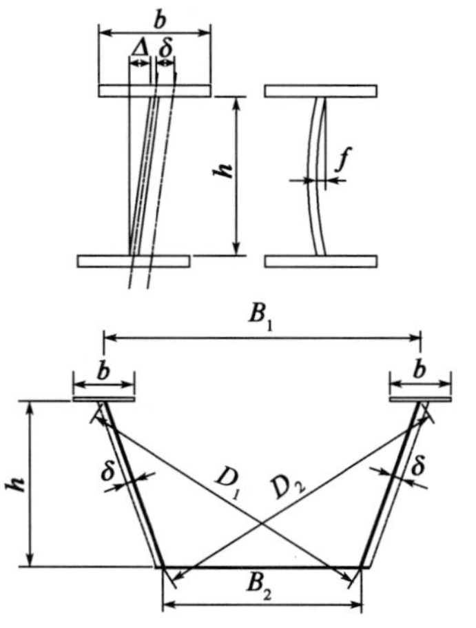
</td></tr>
<tr><td>h>2m</td><td>±4</td></tr>
<tr><td>6</td><td colspan="2">顶板、底板宽度 b</td><td>±2</td></tr>
<tr><td>7</td><td colspan="2">顶板或底板与腹板垂直度 Δ</td><td>≤2</td></tr>
<tr><td>8</td><td colspan="2">腹板平面度 f</td><td>≤h/350,且≤8</td></tr>
<tr><td>9</td><td colspan="2">钢槽梁腹板间距 B_1、B_2</td><td>±2</td></tr>
</table>

13.3.2　螺栓孔径、孔形、孔距应符合本指南 10.2 的规定。

13.4　钢箱梁

13.4.1　一般钢箱梁桥梁段基本尺寸允许偏差应符合表 72 的规定。

表 72　一般钢箱梁桥梁段基本尺寸允许偏差

序号	名　　称		允许偏差	简　　图
1	梁长(mm)	顶板长度 L_1	±2	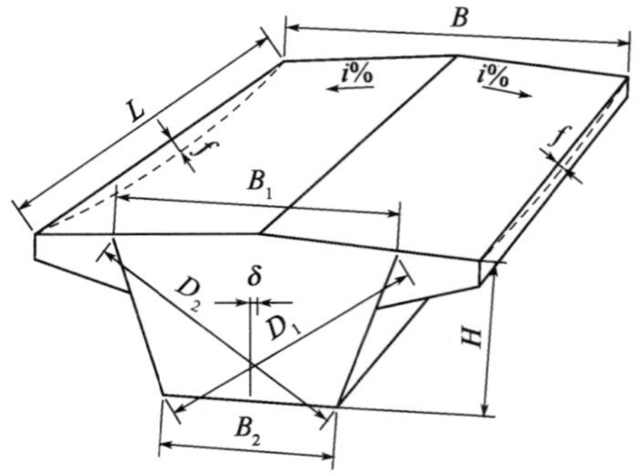
		底板长度 L_2		
2	横隔板处梁高 H		±4	
3	梁宽(mm)	梁段宽度 B	B≤12.5m：±4 B>12.5m：±6	
		顶板宽度 B_1		
		底板宽度 B_2		
4	端口尺寸(mm)	横断面对角线 D_1、D_2	±4	
		顶板、底板中心线错位 δ	≤2	
5	桥面横坡 i(%)		±0.15	
6	梁段旁弯 f(mm)		≤5	
7	顶板横隔板与腹板交点处的相对高差(A,B,C,D)(mm)		≤8	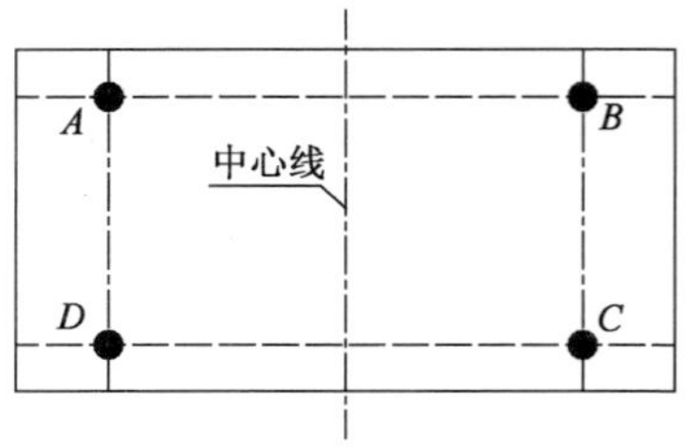
8	板面横桥向平面度 f(mm)		≤S_1/250	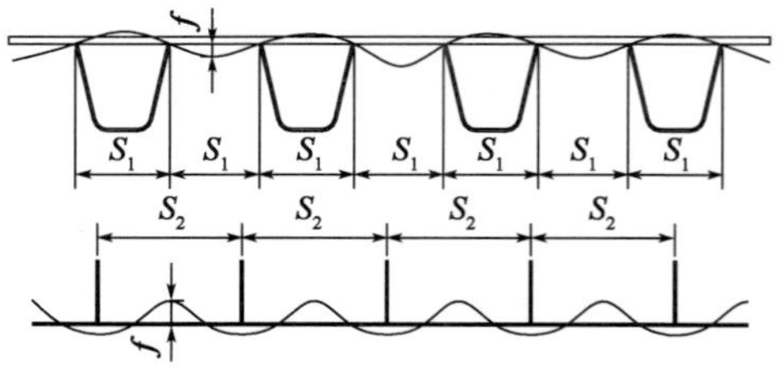

13.4.2　大型扁平钢箱梁的主要尺寸允许偏差应满足表 73 的规定。

表 73　大型扁平钢箱梁主要尺寸允许偏差

序号	名　　称	允许偏差	简　　图
1	梁长 L_1、L_2 (测梁段两端基线距离) (mm)	±2	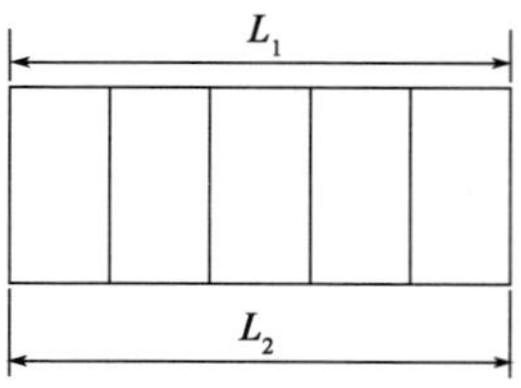

表 73 大型扁平钢箱梁主要尺寸允许偏差(续)

<table>
<tr><th>序号</th><th colspan="2">名　称</th><th>允许偏差</th><th>简　图</th></tr>
<tr><td rowspan="2">2</td><td rowspan="2">梁高(测两端端口断面)(mm)</td><td>梁段中心处高 H</td><td>±2</td><td rowspan="4">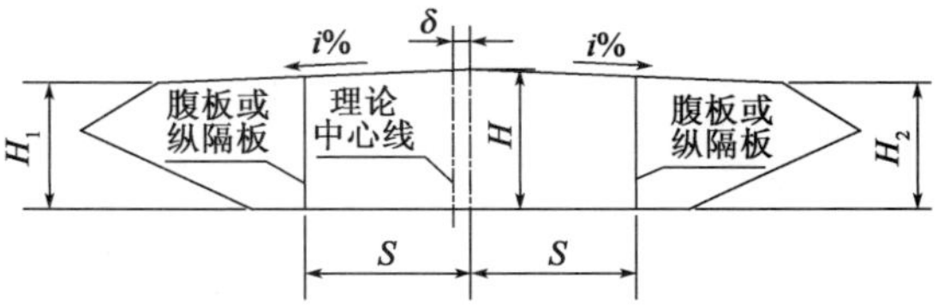</td></tr>
<tr><td>边高 H_1、H_2</td><td>±3</td></tr>
<tr><td>3</td><td colspan="2">腹板或纵隔板中心距 S(mm)</td><td>±3</td></tr>
<tr><td>4</td><td colspan="2">横坡 i(%)</td><td>≤0.1</td></tr>
<tr><td rowspan="3">5</td><td rowspan="3">梁半宽 $B/2$、$B_1/2$、$B_2/2$(测两端端口断面)(mm)</td><td>$B_1 \leq 12.5$m</td><td>±2.5</td><td rowspan="5">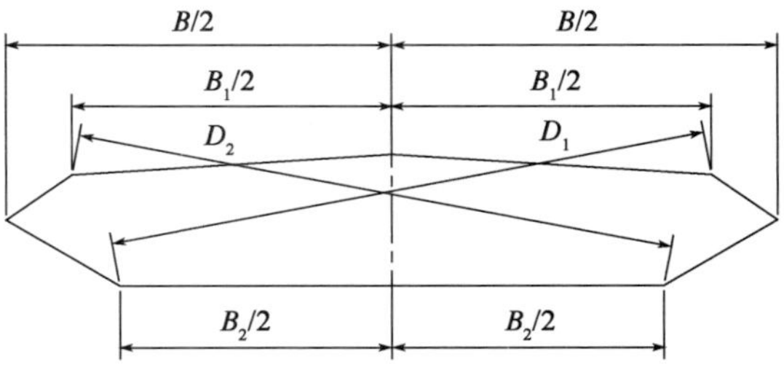</td></tr>
<tr><td>12.5m < $B_1 \leq 19.5$m</td><td>±3</td></tr>
<tr><td>$B_1 > 19.5$m</td><td>±4</td></tr>
<tr><td>6</td><td colspan="2">端口对角线 D_1、D_2(mm)</td><td>±4</td></tr>
<tr><td>7</td><td colspan="2">顶底板中心线 B_2(mm)</td><td>±2</td></tr>
<tr><td rowspan="2">8</td><td rowspan="2">顶板</td><td>对角线距离(D_1,D_2,D_3,D_4)(mm)</td><td>±4</td><td>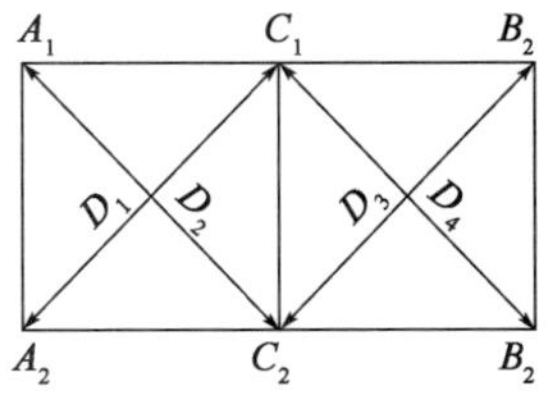</td></tr>
<tr><td>横隔板与腹板交点处的相对高差(A,B,C,D)(mm)</td><td>≤8</td><td>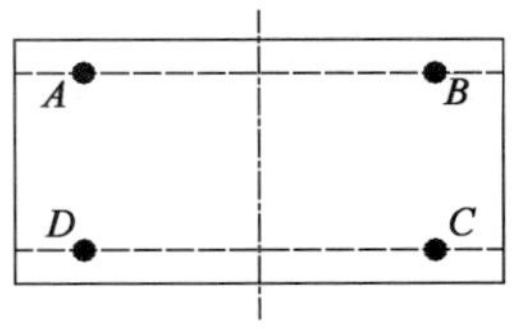</td></tr>
<tr><td rowspan="2">9</td><td rowspan="2">面板</td><td>横桥向平面度 f(mm)</td><td>$\leq S_1/250$</td><td rowspan="2">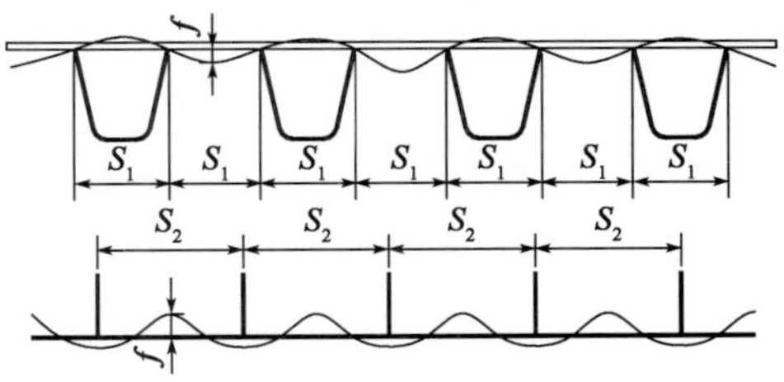</td></tr>
<tr><td>纵桥向平面度 f(mm)</td><td>$\leq S_2/500$</td></tr>
<tr><td>10</td><td colspan="2">旁弯 f(mm)</td><td>≤3 + L
(L以 m 计)</td><td>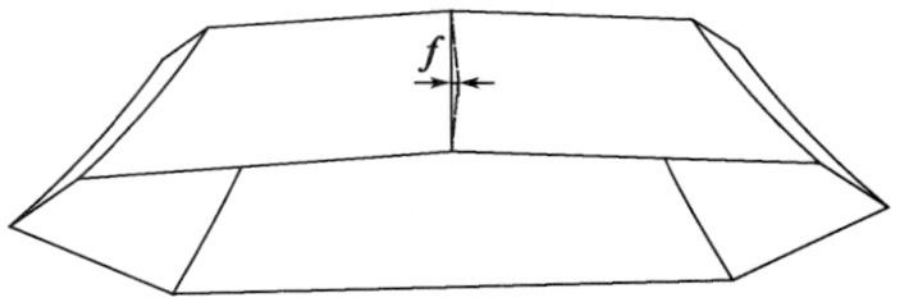</td></tr>
<tr><td rowspan="3">11</td><td rowspan="3">吊点</td><td>横向中心距 S(mm)</td><td>±4</td><td rowspan="3">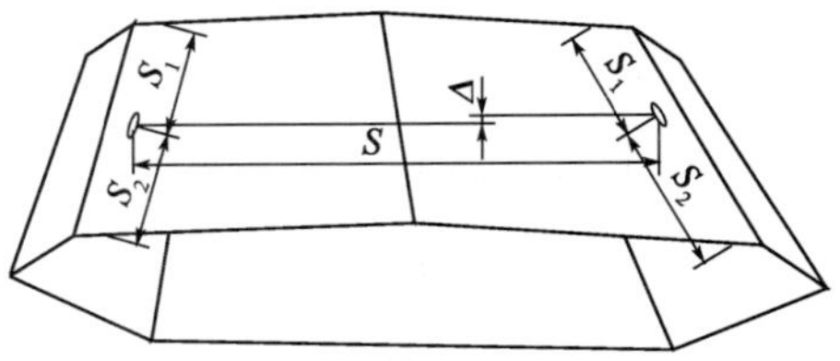</td></tr>
<tr><td>两吊点纵向错位 S_1、S_2(mm)</td><td>±2</td></tr>
<tr><td>相对高差 Δ(mm)</td><td>≤5</td></tr>
</table>

表 73　大型扁平钢箱梁主要尺寸允许偏差(续)

<table>
<tr><th>序号</th><th colspan="2">名　称</th><th>允许偏差</th><th>简　图</th></tr>
<tr><td rowspan="3">12</td><td rowspan="3">锚箱</td><td>同一梁段两侧锚箱高差 L_1 (mm)</td><td>≤1</td><td rowspan="3">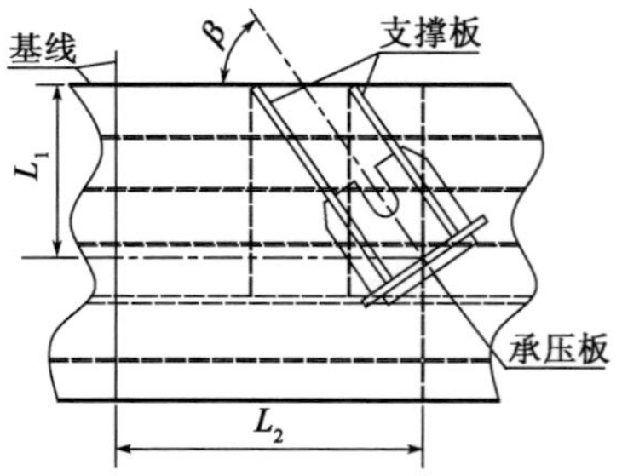
</td></tr>
<tr><td>锚箱距梁段基线长度 L_2 (mm)</td><td>±2</td></tr>
<tr><td>支撑板角度 β(°)</td><td>±0.1</td></tr>
<tr><td>13</td><td colspan="2">预拱度 f(mm)</td><td>+10，-5</td><td>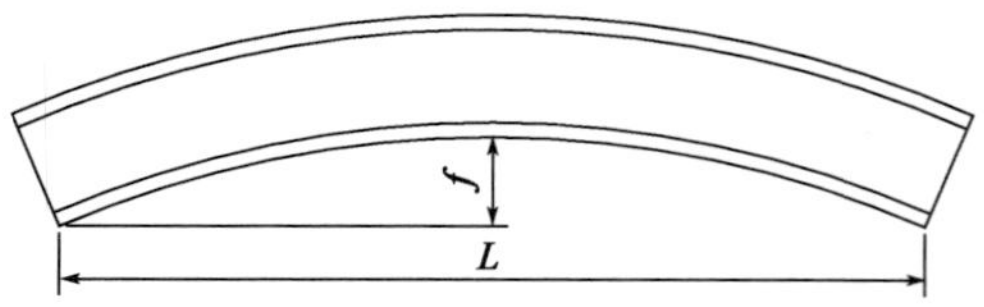
</td></tr>
<tr><td>14</td><td colspan="2">扭曲 Δ(mm)
(两边隔板断面)</td><td>每米≤1，
且每段≤8</td><td>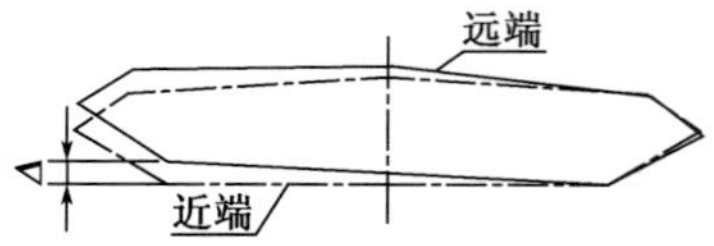
</td></tr>
</table>

13.4.3　螺栓孔径、孔形、孔距应符合本指南 10.2 的规定。

13.5　钢桁梁

13.5.1　钢桁梁主桁构件的主要尺寸允许偏差应满足表 74 的规定。

表 74　钢桁梁主桁构件主要尺寸允许偏差

<table>
<tr><th>序号</th><th colspan="2">名　称</th><th colspan="2">允许偏差(mm)</th><th>简　图</th></tr>
<tr><td rowspan="2">1</td><td rowspan="2">构件高度 H</td><td>插入式</td><td>-0.5，-2</td><td rowspan="2">测两端腹板处高度</td><td rowspan="6">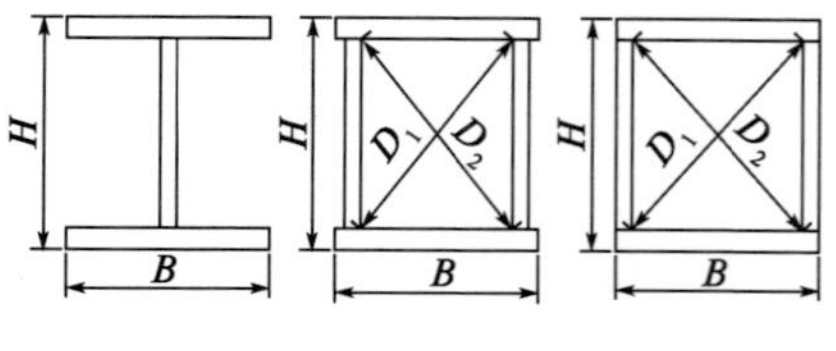
</td></tr>
<tr><td>对拼式</td><td>±2</td></tr>
<tr><td rowspan="2">2</td><td rowspan="2">构件宽度 B</td><td>腹板有拼接</td><td>±1</td><td rowspan="2">每 2m 测一次</td></tr>
<tr><td>腹板无拼接</td><td>±2</td></tr>
<tr><td rowspan="2">3</td><td rowspan="2">箱形构件对角线差 $|D_1-D_2|$</td><td>边长≤1000</td><td>≤2</td><td rowspan="2">测两端端口对角线</td></tr>
<tr><td>边长>1000</td><td>≤3</td></tr>
<tr><td>4</td><td colspan="2">长度 L</td><td>±4</td><td>测全长</td><td rowspan="4">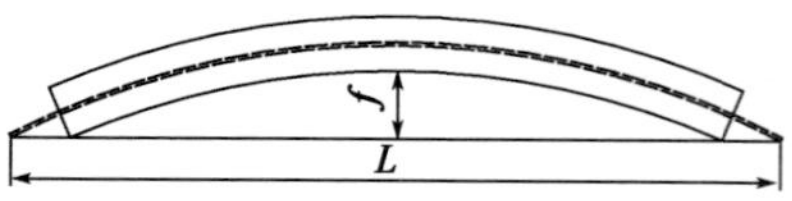
</td></tr>
<tr><td rowspan="3">5</td><td rowspan="3">弯曲 f</td><td>L≤1000</td><td>≤2</td><td rowspan="3">拉线测量</td></tr>
<tr><td>4000<L≤6000</td><td>≤3</td></tr>
<tr><td>L>6000</td><td>≤5</td></tr>
</table>

表 74　钢桁梁主桁构件主要尺寸允许偏差(续)

序号	名　　称			允许偏差(mm)		简　　图
6	整体节点	弦杆节点板内侧宽度 b	插入式	+1.5,0	测孔群部位	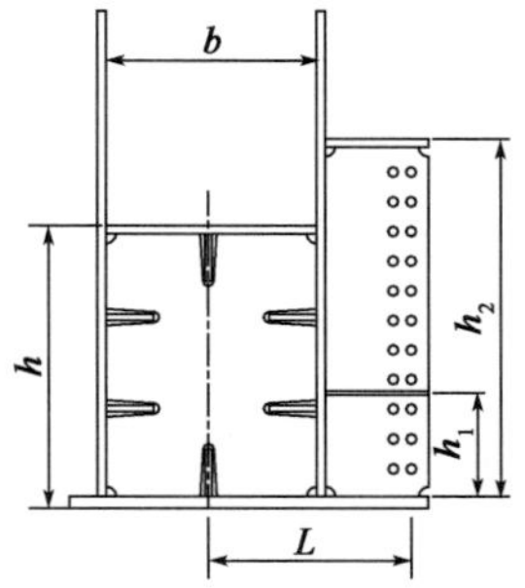
			对拼式	±1		
		弦杆中心线距横梁接头板外侧孔的距离 L		±1	测梁段腹板高度	
		弦杆端口高度 h		±1.5	接头板外端腹板高度	
		弦杆横梁接头板高度 h_1、h_2		±2		
7	盖板对腹板的垂直度 Δ	盖板宽度≤600		≤0.5	有孔位置	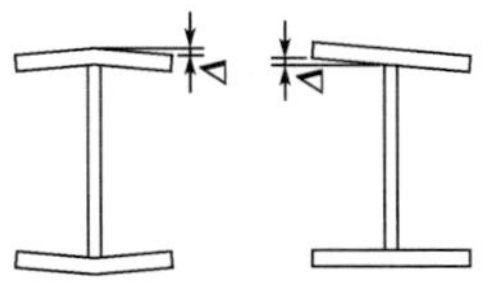
				≤1.5	无孔位置	
		盖板宽度 >600		≤1	有孔位置	
				≤1.5	无孔位置	
8	扭曲 Δ			≤3.0	构件置于平台上,四角中三角接触平面,悬空的一角与平台的间距	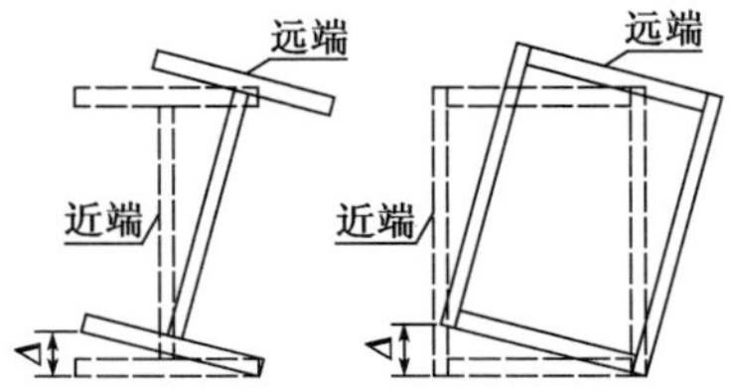

13.5.2　钢桁梁纵梁和横梁构件的主要尺寸允许偏差应满足表 75 的规定。

表 75　钢桁梁纵梁和横梁构件主要尺寸允许偏差

序号	名　　称		允许偏差(mm)		简　　图
1	高度 H	纵梁	±1	测两端腹板处高度	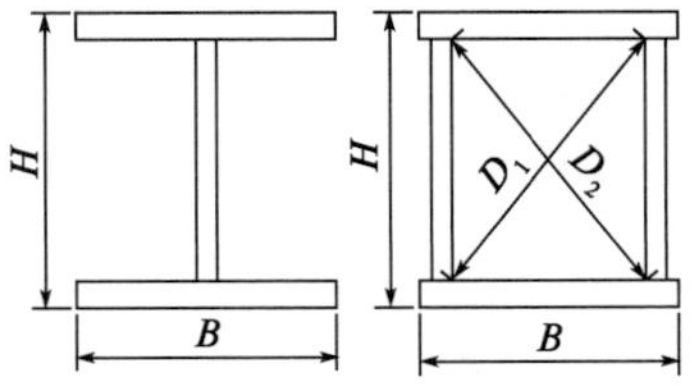
		横梁	±1.5		
2	盖板宽度 B	箱形腹杆有拼接板时	±1	每 2m 测一次	
		其他	±2		
3	箱形构件对角线差 $\lvert D_1 - D_2 \rvert$		≤3	测两端端口对角线	
4	长度 L	纵梁	+0.5,−1.5	测两端型钢支背至支背之间距离	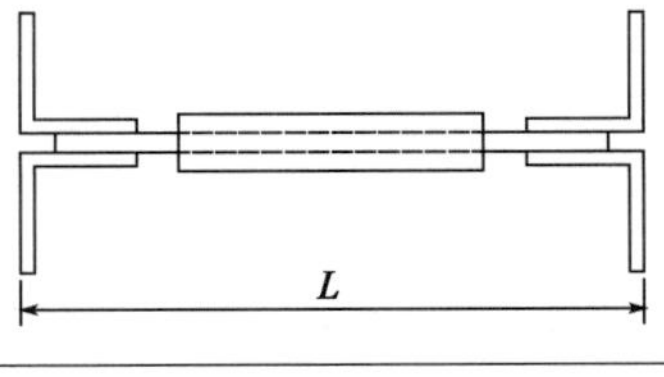
		横梁	±1.5		
5	长度	L_1	±1	L_1:测腹板极边孔距	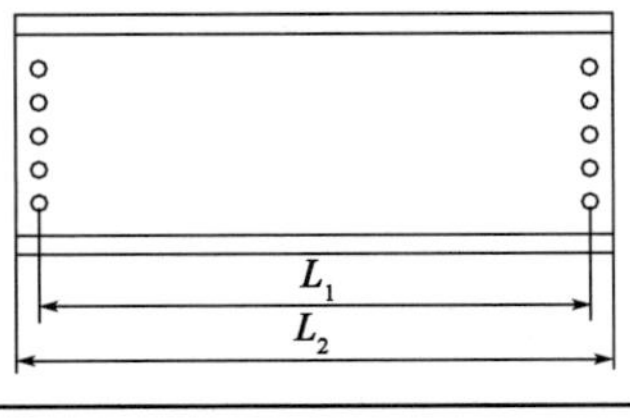
		L_2	±5		

表 75　钢桁梁纵梁和横梁构件主要尺寸允许偏差(续)

序号	名　　称	允许偏差(mm)		简　　图
6	旁弯 f	≤3	拉线测量	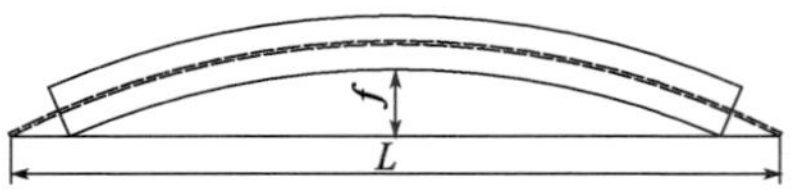
7	预拱度 Δ	+3,0	拉线测量	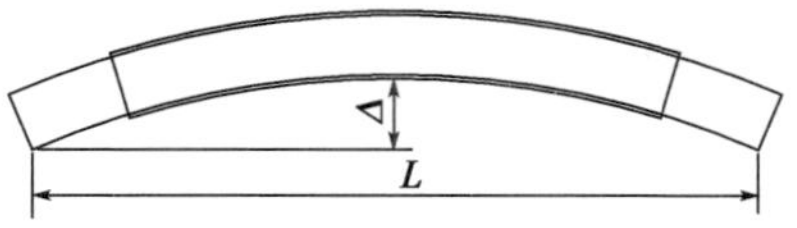
8	腹板平面度 f	≤h/500,且≤5		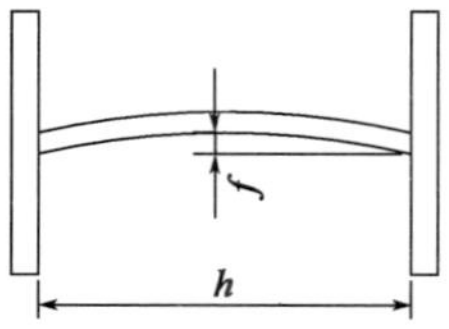

13.5.3　钢桁梁联结系构件的主要尺寸允许偏差应满足表 76 的规定。

表 76　钢桁梁联结系构件主要尺寸允许偏差

序号	名　　称	允许偏差(mm)		简　　图
1	高度 H	±1.5	测两端腹板处高度	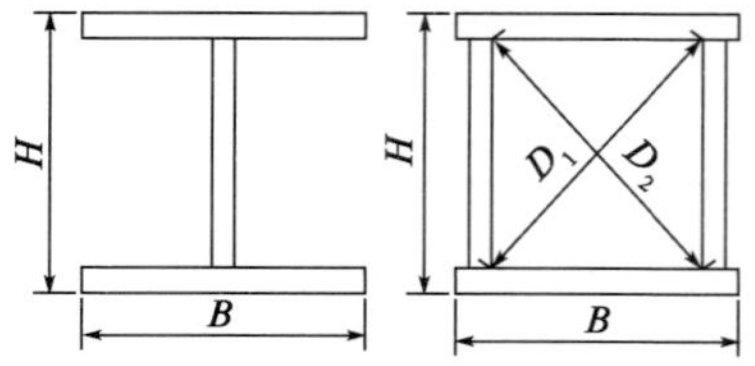
2	盖板宽度 B	±2	每 2m 测一次	
3	箱形构件对角线差 $\lvert D_1 - D_2 \rvert$	≤2	测两端端口对角线	
4	长度 L	±5	测全长	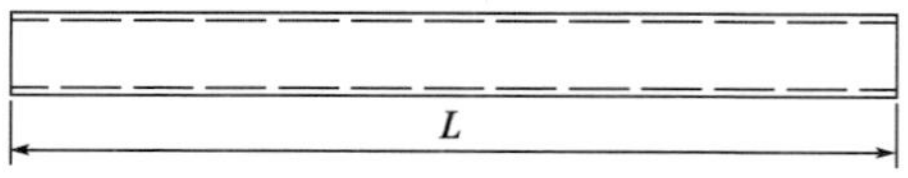

13.5.4　钢桁梁节段的主要尺寸允许偏差应满足表 77 的规定。

表 77　钢桁梁节段主要尺寸允许偏差

序号	名　　称	允许偏差(mm)	简　　图
1	桁高 H	±3	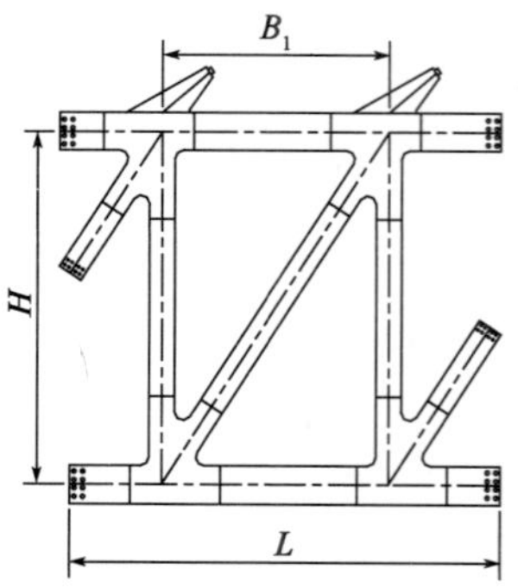
2	相邻节点桁高差	≤2	
3	长度 L	±2	
4	锚固点间距 B_1	±3	

表 77　钢桁梁节段主要尺寸允许偏差(续)

序号	名　称		允许偏差(mm)		简　图
5	主桁中心线直线度(旁弯)		≤3	主桁中心线与两端连线的偏差	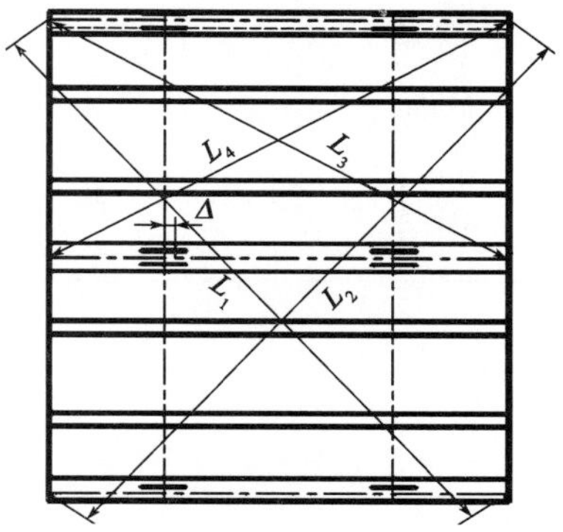
6	主桁纵向偏差 Δ		≤3	弦杆中桁节点与边桁节点的纵向偏差	
7	平面对角线差	$\lvert L_1 - L_2 \rvert$	≤5	两边桁之间	
		$\lvert L_3 - L_4 \rvert$	≤3	边桁与中桁之间	
8	桁宽	B	±5	节点处两端两边桁弦杆中心距	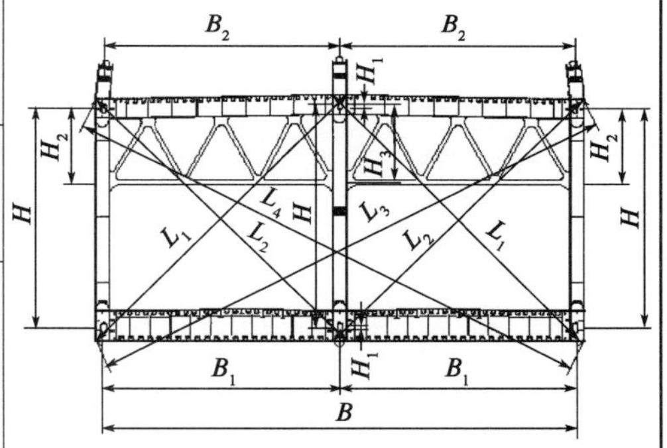
		B_1	±3	节点处两端边桁与中桁中心距	
9	锚点间距 B_2		±5	同一节点编号处边与中桁锚点的横桥向间距	
10	端面对角线差	$\lvert L_1 - L_2 \rvert$	≤3	两端横断面，边桁与中桁	
		$\lvert L_3 - L_4 \rvert$	≤5	两端横断面，边桁与边桁	
11	节点中心高度差 H_1		+5,0	节点处两边桁弦杆中心与中桁中心点的高度差(中桁高于边桁时的差值为正)	
12	下层桥面高程		±5	桥面板四角有横梁位置	
13	上层桥面高程		±8	桥面板四角有横梁位置	
14	桁片垂直度		≤3	上、下弦杆中心线横向偏差	

13.5.5　螺栓孔径、孔形、孔距应符合本指南 10.2 的规定。

13.6　钢箱拱

钢箱拱主要尺寸允许偏差应满足表 63 的要求。

13.7 钢桁拱

钢桁拱的主要尺寸允许偏差应满足表 62 的要求。

13.8 钢塔

钢塔及横梁节段的主要尺寸允许偏差应满足表 78 的规定。

表 78 钢塔及横梁节段主要尺寸允许偏差

<table>
<tr><th>序号</th><th colspan="2">名 称</th><th>允许偏差(mm)</th><th>简 图</th></tr>
<tr><td>1</td><td colspan="2">长度 L</td><td>±2</td><td rowspan="6"> 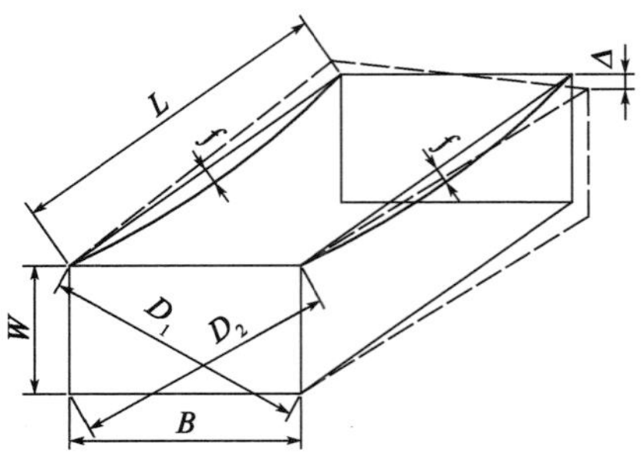</td></tr>
<tr><td>2</td><td colspan="2">高度 W</td><td>±2</td></tr>
<tr><td>3</td><td colspan="2">宽度 B</td><td>±2</td></tr>
<tr><td>4</td><td colspan="2">端口对角线差</td><td>≤3</td></tr>
<tr><td>5</td><td colspan="2">扭曲
(在两端横隔板与外壁交点上)</td><td>≤3</td></tr>
<tr><td>6</td><td colspan="2">旁弯</td><td>≤3</td></tr>
<tr><td>7</td><td colspan="2">横隔板间距 S</td><td>±2</td><td rowspan="5"> 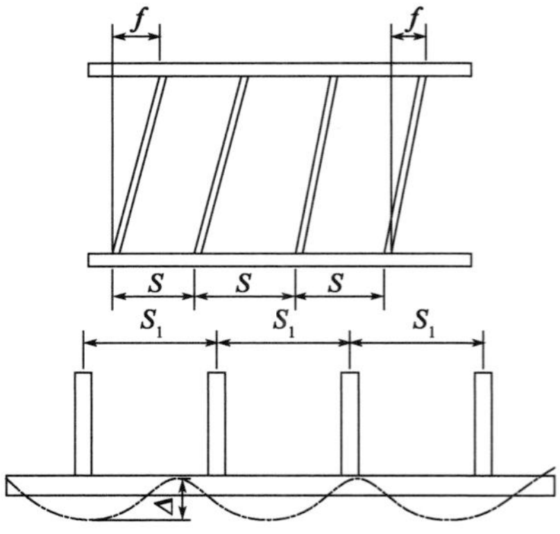</td></tr>
<tr><td>8</td><td colspan="2">横隔板垂直度 f</td><td>≤2</td></tr>
<tr><td rowspan="3">9</td><td rowspan="3">面板平面度 Δ</td><td>纵向</td><td>≤$S/300$</td></tr>
<tr><td>横向</td><td>≤$S_1/500$</td></tr>
<tr><td>连接部位</td><td>≤2</td></tr>
</table>

13.9 钢锚梁及牛腿

13.9.1 钢锚梁基本尺寸允许偏差应符合表 79 的规定。

表 79 钢锚梁基本尺寸允许偏差

<table>
<tr><th>序号</th><th>名 称</th><th>允许偏差(mm)</th><th>简 图</th></tr>
<tr><td>1</td><td>长度 L</td><td>±5</td><td rowspan="4"> 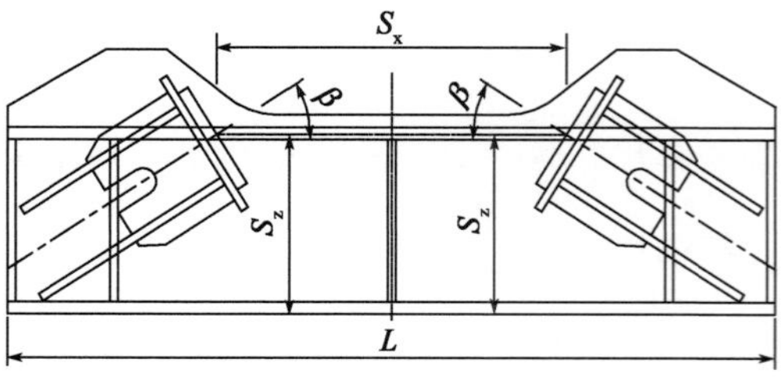</td></tr>
<tr><td>2</td><td>锚固点纵向位置偏差 S_x</td><td>±2</td></tr>
<tr><td>3</td><td>锚固点竖向位置偏差 S_z</td><td>±2</td></tr>
<tr><td>4</td><td>锚固点横向位置偏差 S_y</td><td>±2</td></tr>
</table>

表 79　钢锚梁及牛腿基本尺寸允许偏差(续)

序号	名　称	允许偏差(mm)	简　图
5	锚固点高差 δ	≤3	
6	腹板间距 b	+1,0	
7	底板宽度 B	±2	
8	承压板、锚垫板孔径 d	+1,0	
9	旁弯 f	≤3	

13.9.2　钢牛腿基本尺寸允许偏差应符合表 80 的规定。

表 80　钢牛腿基本尺寸允许偏差

序号	名　称		允许偏差(mm)	简　图
1	支撑腹板间距 S	对应锚梁腹板处	±1	
		其他位置	±2	
2	支撑腹板垂直度 Δ		≤1	
3	承压板平面度 f		±0.5	
4	牛腿座板倾斜度 δ		±1	

13.10　涂装

13.10.1　表面处理检验应符合以下要求:

a)　构件的结构预处理,应符合本指南 12.2.1 的要求,检验方法为目视检测。

b)　构件表面灰尘清洁度检验按《涂覆涂料前钢材表面处理　表面清洁度的评定试验　第 3 部分:涂覆涂料前钢材表面的灰尘评定(压敏粘带法)》(GB/T 18570.3)的规定进行。表面可溶性氯化物检验按《涂覆涂料前钢材表面处理　表面清洁度的评定试验　第 6 部分:可溶性杂质的取样　Bresle 法》(GB/T 18570.6)和《涂覆涂料前钢材表面处理　表面清洁度的评定试验　第 9 部分:水溶性盐的现场电导率测定法》(GB/T 18570.9)的规定进行。

c)　表面除油和除盐分处理,检验方法和标准应符合本指南 12.2.2 的要求。

d)　除锈等级和表面粗糙度检验方法和标准应符合本指南 12.2.3 和 12.2.4 的要求。

13.10.2　涂装施工环境应符合本指南 12.3.1 的要求。检验方法:用温度、湿度计、摇表、露点仪等检测施工环境。

13.10.3　涂装材料的检验应符合设计文件和本指南附录 E 的要求。

13.10.4　涂料涂层表面应平整、均匀一致，无漏涂、起泡、裂纹、气孔和返锈等现象，允许轻微橘皮和局部轻微流挂。检验方法为目视检测。

13.10.5　金属涂层的表面均匀一致，不允许有漏涂、起皮、鼓泡、大熔滴、松散粒子、裂纹和掉块等，允许轻微结疤和起皱。检验方法为目视检测。

13.10.6　构件漆膜颜色应达到业主规定的色卡要求，涂装材料涂层表面应平整均匀，无明显色差。

13.10.7　涂层干膜厚度应符合设计规定要求。检验方法：采用磁性测厚仪检查涂层干膜厚度。一个制造节段每 100m^2（不足 100m^2的按 100m^2 计）作为一个检验批次，每一批次任意选取三个 10m^2进行检测，每 10m^2为一个测量单元，每一个测量单元至少应选取三处基准表面，每一基准表面测量五点，其算术平均值不得低于规定膜厚，单个测点的厚度不得低于规定膜厚的 90%。若所有测点满足要求，则判定该批次合格，否则判定为不合格。检验批次涂层厚度达不到规定要求时，应增加涂装道数，直至合格为止。漆膜厚度测定点的最大值不能超过设计厚度的 3 倍。

13.10.8　涂层对基体的附着力和层间附着力按《色漆和清漆　漆膜的划格试验》（GB/T 9286）规定进行划格法检验，检验结果应不低于 1 级；或按《色漆和清漆　拉开法附着力试验》（GB/T 5210）规定进行拉开法检验，检验结果应不低于表 81 的规定。

表 81　涂层对基体的附着力拉开法检验附着力要求

序号	涂　层	附着力要求（MPa）
1	无机富锌防锈防滑涂料、水性无机富锌漆	≥4.0
2	环氧富锌底漆	≥5.0
3	热喷铝或喷锌	≥6.0
注：采用涂层附着力拉拔仪检查。		

13.10.9　热喷铝或喷锌涂层对基体的附着力检验应按《热喷涂　金属和其他无机覆盖层　锌、铝及其合金》（GB/T 9793）规定进行划格检验，检验结束后，方格内的涂层不得与基体剥离。采用拉开法检验时，检验结果应不低于表 81 的规定。检验方法：采用涂层附着力拉拔仪检查。

13.10.10　涂层体系性能应满足表 82 及以下要求：

a）耐水性、耐盐水性、耐化学品性能试验后不生锈、不起泡、不开裂、不脱落，允许轻微变色和失光；

b）人工加速老化性能试验后不生锈、不起泡、不开裂、不脱落、不粉化，允许 2 级变色和 2 级失光。

c）耐盐雾性能试验后不生锈、不起泡、不开裂、不脱落。

表 82　涂层体系性能要求

腐蚀环境	防腐寿命（年）	耐水性（h）	耐盐水性（h）	耐化学品性能（h）	结合强度（MPa）	耐盐雾性能（h）	人工加速老化性能（h）
C3	10～15	72	—	—	≥5	500	500
	15～25	144	—	—		1000	800
C4	10～15	144	—	—		500	600
	15～25	240	—	—		1000	1000
C5-I	10～15	240	—	168		2000	1000
	15～25	240	—	240		3000	3000

表 82　涂层体系性能要求(续)

<table>
<tr><th>腐蚀环境</th><th>防腐寿命
(年)</th><th>耐水性
(h)</th><th>耐盐水性
(h)</th><th>耐化学品性能
(h)</th><th>结合强度
(MPa)</th><th>耐盐雾性能
(h)</th><th>人工加速老化性能
(h)</th></tr>
<tr><td rowspan="2">C5-M</td><td>10 ~ 15</td><td>240</td><td>144</td><td>72</td><td rowspan="4">≥5</td><td>2000</td><td>1000</td></tr>
<tr><td>15 ~ 25</td><td>240</td><td>240</td><td>72</td><td>3000</td><td>3000</td></tr>
<tr><td>Im1</td><td>—</td><td>3000</td><td></td><td>72</td><td>—</td><td>—</td></tr>
<tr><td>Im2</td><td>—</td><td>—</td><td>3000</td><td>72</td><td>3000</td><td>—</td></tr>
</table>

13.10.11　完成涂装后构件的标识、编号应清晰完整。检验方法:观察检查。

13.10.12　涂层验收可按构件分批次验收,验收时涂装承包商至少应提交下列验收资料:

a)　设计文件或设计变更文件;

b)　涂料出厂合格证和质量检验文件,进场验收记录;

c)　钢结构表面处理和检验记录;

d)　涂装施工记录(包括施工过程中对重大技术问题和其他质量检验问题处理记录);

e)　修补和返工记录;

f)　其他涉及涂层质量的相关记录。

附 录 A
(资料性附录)
编制依据文件清单

A.1 钢材

钢材编制依据文件清单见表 A.1。

表 A.1 钢材编制依据文件清单

标 准 名 称	编 号
钢板和钢带包装、标志及质量证明书的一般规定	GB/T 247
优质碳素结构钢	GB/T 699
碳素结构钢	GB/T 700
热轧钢板和钢带的尺寸、外形、重量及允许偏差	GB/T 709
桥梁用结构钢	GB/T 714
低合金高强度结构钢	GB/T 1591
厚度方向性能钢板	GB/T 5313
冷镦和冷挤压用钢	GB/T 6478
结构用无缝钢管	GB/T 8162
电弧螺柱焊用圆柱头焊钉	GB/T 10433
一般工程用铸造碳钢件	GB/T 11352
热轧钢板表面质量的一般规定	GB/T 14977

A.2 焊材

焊材编制依据文件清单见表 A.2。

表 A.2 焊材编制依据文件清单

标 准 名 称	编 号
非合金钢及细晶粒钢焊条	GB/T 5117
热强钢焊条	GB/T 5118
埋弧焊用非合金钢及细晶粒钢实心焊丝、药芯焊丝和焊丝-焊剂组合分类要求	GB/T 5293
气体保护电弧焊用碳钢、低合金钢焊丝	GB/T 8110
非合金钢及细晶粒钢药芯焊丝	GB/T 10045
埋弧焊用热强钢实心焊丝、药芯焊丝和焊丝-焊剂组合分类要求	GB/T 12470
气体保护焊用钢丝	GB/T 14958
热强钢药芯焊丝	GB/T 17493
焊接材料质量管理规程	JB/T 3223
陶质焊接衬垫	CB/T 3715

A.3 紧固件

紧固件编制依据文件清单见表 A.3。

表 A.3 紧固件编制依据文件清单

标 准 名 称	编 号
紧固件 验收检查	GB/T 90.1
钢结构用高强度大六角头螺栓	GB/T 1228
钢结构用高强度大六角螺母	GB/T 1229
钢结构用高强度垫圈	GB/T 1230
钢结构用高强度大六角头螺栓、大六角螺母、垫圈技术条件	GB/T 1231
紧固件机械性能 螺栓、螺钉和螺柱	GB/T 3098.1
钢结构用扭剪型高强度螺栓连接副	GB/T 3632
六角头螺栓 C级	GB/T 5780
六角头螺栓 全螺纹 C级	GB/T 5781
六角头螺栓	GB/T 5782
六角头螺栓 全螺纹	GB/T 5783

A.4 涂装

涂装编制依据文件清单见表 A.4。

表 A.4 涂装编制依据文件清单

标 准 名 称	编 号
产品几何技术规范(GPS)表面结构 轮廓法 表面粗糙度参数及其数值	GB/T 1031
色漆、清漆和塑料 不挥发物含量的测定	GB/T 1725
漆膜一般制备法	GB 1727
漆膜、腻子膜干燥时间测定法	GB/T 1728
色漆和清漆 摆杆阻尼试验	GB/T 1730
漆膜耐冲击性测定法	GB/T 1732
漆膜耐水性测定法	GB/T 1733
色漆和清漆 耐热性的测定	GB/T 1735
色漆和清漆 涂层老化的评级方法	GB/T 1766
色漆和清漆 耐磨性的测定 旋转橡胶砂轮法	GB/T 1768
色漆和清漆 耐中性盐雾性能的测定	GB/T 1771
色漆和清漆 人工气候老化和人工辐射暴露	GB/T 1865
涂料产品的取样	GB/T 3186
磁性基体上非磁性层覆盖层厚度测量 磁性法	GB/T 4956

表 A.4 涂装编制依据文件清单(续)

标准名称	编　号
色漆和清漆　拉开法附着力试验	GB/T 5210
表面粗糙度比较样块　抛(喷)丸、喷砂加工表面	GB/T 6060.5
涂装作业安全规程　涂漆工艺安全及其通风净化	GB 6514
色漆和清漆　弯曲试验(圆柱轴)	GB/T 6742
船用车间底漆	GB/T 6747
色漆和清漆　用流出杯测定流出时间	GB/T 6753.4
色漆、清漆和印刷油墨　研磨细度的测定	GB/T 6753.1
涂装作业安全规程　安全管理通则	GB 7691
涂装作业安全规程　涂漆前处理工艺安全及其通风净化	GB 7692
涂覆涂料前钢材表面处理　表面清洁度的目视评定　第1部分:未涂覆过的钢材表面和全面清除原有涂层后的钢材表面的锈蚀等级和处理等级	GB/T 8923.1
涂覆涂料前钢材表面处理　表面清洁度的目视评定　第2部分:已涂覆过的钢材表面局部清除原有涂层后的处理等级	GB/T 8923.2
涂覆涂料前钢材表面处理　表面清洁度的目视评定　第3部分:焊缝、边缘和其他区域的表面缺陷的处理等级	GB/T 8923.3
色漆和清漆　耐液体介质的测定	GB/T 9274
色漆和清漆　漆膜的划格试验	GB/T 9286
热喷涂　金属和其他无机覆盖层　锌、铝及其合金	GB/T 9793
产品几何技术规范　表面结构　轮廓法评定表面结构的规则和方法	GB/T 10610
涂覆涂料前钢材表面处理　喷射清理后的钢材表面粗糙度特性　第1部分:用于评定喷射清理后钢材表面粗糙度的ISO表面粗糙度比较样块的技术要求和定义	GB/T 13288.1
涂覆涂料前钢材表面处理　喷射清理后的钢材表面粗糙度特性　磨料喷射清理后钢材表面粗糙度等级的测定方法　比较样块法	GB/T 13288.2
涂覆涂料前钢材表面处理　喷射清理后的钢材表面粗糙度特性　第3部分:ISO表面粗糙度比较样块的校准和表面粗糙度的测定方法　显微镜调焦法	GB/T 13288.3
涂覆涂料前钢材表面处理　喷射清理后的钢材表面粗糙度特性　第4部分:ISO表面粗糙度比较样块的校准和表面粗糙度的测定方法　触针法	GB/T 13288.4
涂覆涂料前钢材表面处理　喷射清理后的钢材表面粗糙度特性　第5部分:表面粗糙度的测定方法　复制带法	GB/T 13288.5
钢材件涂装前除油程度检验方法(验油试纸法)	GB/T 13312
色漆和清漆　漆膜厚度的测定	GB/T 13452.2
涂料产品包装通则	GB/T 13491
涂覆涂料前钢材表面处理　喷射清理用非金属磨料的技术要求　第1部分:导则和分类	GB/T 17850.1

表 A.4 涂装编制依据文件清单(续)

标准名称	编号
涂覆涂料前钢材表面处理　表面清洁度的评定试验　第3部分:涂覆涂料前钢材表面的灰尘评定(压敏粘带法)	GB/T 18570.3
涂覆涂料前钢材表面处理　表面清洁度的评定试验　第6部分:可溶性杂质的取样 Bresle 法	GB/T 18570.6
涂覆涂料前钢材表面处理　表面清洁度的评定试验　第9部分:水溶性盐的现场电导率测定法	GB/T 18570.9
涂覆涂料前钢材表面处理　喷射清理用金属磨料的技术要求　导则和分类	GB/T 18838.1
涂覆涂料前钢材表面处理　喷射清理用金属磨料的技术要求　第2部分:冷硬铸铁砂	GB/T 18838.2
涂覆涂料前钢材表面处理　喷射清理用金属磨料的技术要求　第3部分:高碳铸钢丸、铸钢砂	GB/T 18838.3
涂覆涂料前钢材表面处理　喷射清理用金属磨料的技术要求　第4部分:低碳铸钢丸	GB/T 18838.4
涂覆涂料前钢材表面处理　喷射清理用金属磨料的技术要求　第5部分:钢丝切丸	GB/T 18838.5
涂覆涂料前钢材表面处理　喷射清理用金属磨料的试验方法　第3部分:硬度的测定	GB/T 19816.3
涂覆涂料前钢材表面处理　喷射清理用金属磨料的技术要求　第4部分:低碳铸钢丸	GB/T 19816.4
涂覆涂料前钢材表面处理　喷射清理用金属磨料的试验方法　第7部分:含水量的测定	GB/T 19816.7
钢结构工程施工质量验收规范	GB/T 50205
建筑防腐蚀工程施工规范	GB/T 50212
公路桥梁钢结构防腐涂装技术条件	JT/T 722
铁路钢桥保护涂装及涂料供货技术条件	TB/T 1527
涂料产品检验、运输和贮存通则	HG/T 2458
富锌底漆	HG/T 3668
交联型氟树脂涂料	HG/T 3792
钢和铁　全硅含量的测定　重量法	ISO 439
钢和铸铁　锰含量的测定　分光光度法	ISO 629
钢和铁　硫含量的测定　感应炉内燃烧红外线吸收法	ISO 4935
涂装油漆和有关产品前钢材预处理　表面清洁度的评定试验　第9部分:水溶性盐的现场电导测定法	ISO 8502-9
钢和铁　含碳总量的测定　感应电炉燃烧红外线吸收法	ISO 9556
钢和铁　磷含量的测定　磷矾钼酸盐分光光度法	ISO 10714

A.5 钢材和焊接接头试验

钢材和焊接接头试验编制依据文件清单见表A.5。

表 A.5 钢材和焊接接头试验编制依据文件清单

标准名称	编　号
钢的低倍组织及缺陷酸蚀检验方法	GB/T 226
金属材料室温拉伸试验方法	GB/T 228
金属夏比缺口冲击试验方法	GB/T 229
金属材料弯曲试验方法	GB/T 232
焊接接头机械性能试验取样方法	GB/T 2649
焊接接头冲击试验方法	GB/T 2650
焊接接头拉伸试验方法	GB/T 2651
焊缝及熔敷金属拉伸试验方法	GB/T 2652
焊接接头弯曲试验方法	GB/T 2653
焊接接头硬度试验方法	GB/T 2654
金属夏比冲击断口测定方法	GB/T 12778

A.6 无损检测

无损检测编制依据文件清单见表 A.6。

表 A.6 无损检测编制依据文件清单

标准名称	编　号
厚钢板超声波检测方法	GB/T 2970
金属熔化焊焊接接头射线照相	GB/T 3323
放射卫生防护基本标准	GB/T 4792
无损检测　人员资格鉴定与认证	GB/T 9445
焊缝无损检测　超声检测　技术、检测等级和评定	GB/T 11345
微光电视摄像机总技术条件	GB/T 15465
无损检测　磁粉检测　第 2 部分:检测介质	GB/T 15822.2
无损检测　磁粉检测　第 3 部分:设备	GB/T 15822.3
工业 X 射线探伤放射卫生防护标准	GB/T 16357
无损检测　渗透检测　第 1 部分:总则	GB/T 18851.1
无损检测　渗透检测　第 2 部分:渗透材料的检验	GB/T 18851.2
无损检测　渗透检测　第 3 部分:参考试块	GB/T 18851.3
无损检测　渗透检测　第 4 部分:设备	GB/T 18851.4
无损检测　超声检测用试块	GB/T 23905
焊缝无损检测　磁粉检测	GB/T 26951
焊缝无损检测　焊缝磁粉检测　验收等级	GB/T 26952
焊缝无损检测　焊缝渗透检测　验收等级	GB/T 26953

表 A.6　无损检测编制依据文件清单(续)

标 准 名 称	编　　号
焊缝无损检测　超声检测　验收等级	GB/T 29712
承压设备无损检测　第 5 部分:渗透检测	JB/T 4730.5
无损检测　渗透试块通用规范	JB/T 6064
无损检测　渗透检测用材料	JB/T 7523
无损检测　线型像质计通用规范	JB/T 7902
工业射线照相底片观片灯	JB/T 7903
无损检测　A 型脉冲反射式超声检测系统工作性能测试方法	JB/T 9214
无损检测　工业射线照相底片　第 2 部分:用基准值检验底片	ISO 11699-2
无损检测　工业射线照相胶片　第 1 部分:工业射线照相胶片系统的分类	GB/T 19348.1
无损检测　工业射线照相胶片　第 2 部分:用参考值方法控制胶片处理	GB/T 19348.2

A.7　设计、制造与验收

设计、制造与验收编制依据文件清单见表 A.7。

表 A.7　设计、制造与验收编制依据文件清单

标 准 名 称	编　　号
气焊、手工电弧焊及气体保护焊焊缝坡口的基本形式和尺寸	GB/T 985
气焊、焊条电弧焊、气体保护焊和高能束焊的推荐坡口	GB/T 985.1
埋弧焊的推荐坡口	GB/T 985.2
焊接与切割安全	GB 9448
钢结构工程施工及验收规范	GB/T 50205
钢结构工程施工规范	GB/T 50755
钢结构焊接规范	GB/T 50661
城市桥梁工程施工与质量验收规范	CJJ 2
公路桥涵施工技术规范	JTG/T F50
公路工程质量检验评定标准	JTG/T F80/1
铁路桥梁钢结构设计规范	TB 10091
铁路桥涵工程施工质量验收标准	TB 10415
铁路钢桥制造规范	Q/CR 9211

A.8　其他

其他编制依据文件清单见表 A.8。

表 A.8 其他编制依据文件清单

标 准 名 称	编 号
质量管理体系 要求	GB/T 19001(ISO 9001)
环境管理体系 要求及使用指南	GB/T 24001(ISO 14001)
职业健康安全管理体系 要求	GB/T 28001 (OHSAS 18001)

附　录　B

（规范性附录）

钢材焊接工艺评定

B.1　一般规定

B.1.1　钢材焊接工艺评定（以下简称“评定”）是编制焊接工艺的依据。

B.1.2　评定条件应与产品焊接条件相对应，评定应使用与产品相同牌号和质量等级的钢材及焊接材料。

B.1.3　制造单位应根据钢材类型、结构特点、接头形式、焊接方法、焊接位置等制定评定方案，拟定评定指导书，按本指南的相关要求进行评定。

B.1.4　制造单位首次采用的钢材和焊接材料应进行评定；在同一制造单位已评定并批准的工艺，可不再评定；遇有下列情况之一者，应重新评定：

a）钢种改变；

b）焊接材料改变；

c）焊接方法或焊接位置改变；

d）衬垫材质改变；

e）焊接电流、焊接电压和焊接速度改变 ±10% 以上；

f）坡口形状和尺寸改变（坡口角度减少 10°以上，熔透焊缝钝边增大 2mm 以上，无衬垫的根部间隙变化 2mm 以上，有衬垫的根部间隙变化在 −2mm ~ +6mm 以上）；

g）预热温度低于规定的下限温度 20℃；

h）增加或取消焊后热处理；

i）电流种类和极性改变；

j）加入或取消填充金属；

k）母材焊接部位涂车间防锈漆而焊接时又不进行打磨的。

B.1.5　“评定”包括对接焊缝试验、角焊缝试验和 T 形接头试验。

B.2　试板

B.2.1　试板宜选用碳当量偏标准上限的母材制备，其试验条件应考虑约束状态。

B.2.2　对接接头试板应根据设计图，按表 B.1 选择代表性板厚的试板进行评定试验。

表 B.1　对接焊缝试板代表的板厚

序号	试板厚度（mm）	产品板厚度（mm）	备　　注
1	$t \leqslant 16$	$0.5t \leqslant \delta \leqslant 1.5t$	δ-产品板厚度 t-试板厚度
2	$16 < t \leqslant 25$	$0.75t \leqslant \delta \leqslant 1.5t$	
3	$25 < t \leqslant 80$	$0.75t \leqslant \delta \leqslant 1.3t$	

B.2.3　T 形接头埋弧自动焊试板可按焊脚尺寸，在表 B.2 中选择相应厚度组合的盖板与腹板焊接试件进行评定试验。

表 B.2　T 形角焊缝埋弧自动焊试板厚度

序号	焊脚尺寸（mm）	试板厚度（mm）	
		腹　板	盖　板
1	6.5×6.5	8～12	12～16
2	8×8	10～16	16～24
3	10×10	14～24	20～40
4	12×12	>20	>28

B.2.4　熔透或部分熔透的角接接头和 T 形接头试板应根据设计图选择有代表性的板厚进行评定试验。试板代表的板厚范围按表 B.3 执行。

表 B.3　熔透或部分熔透的角接接头和 T 形接头试板代表的板厚

序号	腹板厚度（mm）		备　注
	试　板	产　品　板	
1	$t \leqslant 16$	$0.5t \leqslant \delta \leqslant 1.5t$	δ-产品板厚度 t-试板厚度
2	$16 < t \leqslant 25$	$0.75t \leqslant \delta \leqslant 1.5t$	
3	$25 < t \leqslant 80$	$0.75t \leqslant \delta \leqslant 1.3t$	

B.2.5　T 形角焊缝试板可按每一焊脚尺寸选定一种板厚组合进行评定试验，对已评定合格的焊缝有效厚度（喉厚）<10mm 的角焊缝，认可产品角焊缝有效厚度（喉厚）0.75 倍～1.5 倍；对已评定合格的焊缝有效厚度（喉厚）≥10mm 的角焊缝，认可产品的焊缝有效厚度（喉厚）≥10mm 的所有角焊缝。

B.2.6　试板长度应根据样坯尺寸、数量（含附加试样数量）等因素予以综合考虑，自动焊不应小于 600mm，手工焊、CO_2 气体（混合气体）保护焊不应小于 400mm。宽度应根据板厚、试样尺寸、探伤要求确定。

B.3　试验及检验

B.3.1　焊缝的外观质量应符合本指南 9.2 的规定。

B.3.2　评定试板焊缝沿焊缝全长按本指南 9.3 的相关规定进行无损探伤。

B.3.3　根据焊缝外形及探伤结果，在试件的有效利用长度内作适当位置分散截取样坯。试样加工前允许样坯冷矫正。

B.3.4　力学性能试验项目、试样数量和试验方法应符合表 B.4 的规定；试验取样和冲击试验试件缺口的制作应符合《焊接接头机械性能试验取样方法》（GB/T 2649）及以下规定。

a）对接焊缝及熔透角焊缝低温冲击试验的缺口开在焊缝中心及熔合线外 1mm 处各 3 个；如果接头为异种材质对接，熔合线外 1mm 分别取样。

b）熔透角焊缝冲击试样取样方法：当未开坡口钢板的板厚 $t \geqslant 28$mm 时，应按图 B.1 进行。

表 B.4　力学性能试验项目、试样数量和试验方法

序号	试件类型	试验项目	试样数量	试验方法
1	对接接头试件	接头拉伸(拉板)试验	1	《焊接接头拉伸试验方法》(GB/T 2651)
		焊缝金属拉伸试验	1	《焊缝及熔敷金属拉伸试验方法》(GB/T 2652)
		接头侧弯试验[a]	1	《焊接接头弯曲试验方法》(GB/T 2653)
		低温冲击试验	6	《焊接接头冲击试验方法》(GB/T 2650)
		接头硬度试验	1	《焊接接头硬度试验方法》(GB/T 2654)
2	熔透角接试件	焊缝金属拉伸试验	1	《焊缝及熔敷金属拉伸试验方法》(GB/T 2652)
		低温冲击试验	6	《焊接接头冲击试验方法》(GB/T 2650)
		接头硬度试验	1	《焊接接头硬度试验方法》(GB/T 2654)
3	T形接头试件	焊缝金属拉伸试验[b]	1	《焊缝及熔敷金属拉伸试验方法》(GB/T 2652)
		接头硬度试验	1	《焊接接头硬度试验方法》(GB/T 2654)

[a] 接头侧弯试验:弯曲角度 $\alpha = 180°$。当试板板厚为10mm及以下时,可以用正、反弯各一个代替侧弯。

[b] 板厚 < 12mm 的对接焊缝、焊缝有效厚度 ≤ 8mm 的角焊缝,不进行焊缝金属拉伸试验。

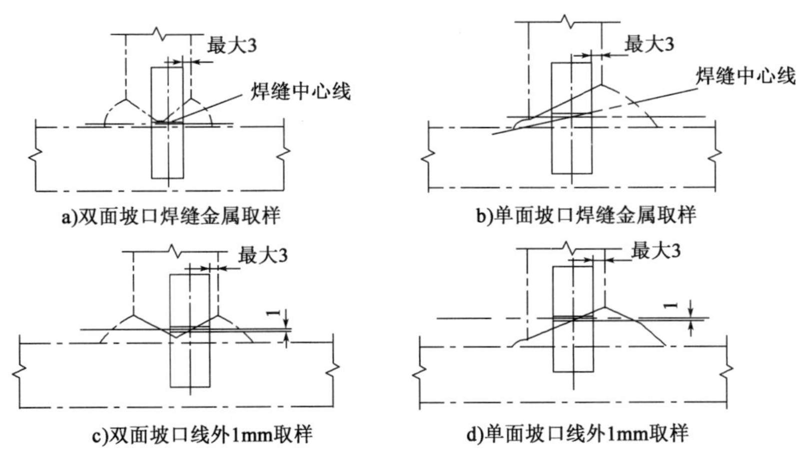

图 B.1　试样取样方法(尺寸单位:mm)

B.3.5　力学性能试验验收应符合下列规定:

a) 当拉伸试验结果(屈服强度、抗拉强度及伸长率)不低于母材标准值时,则判为合格;当试验结果低于母材标准值时,则允许从同一试件上再取一个试样重新试验,若重新试验的结果不低于母材标准值,则仍可判为合格,否则,判为不合格。

b) 接头弯曲试验结束后,若试样受拉面上的裂纹总长不大于试样宽度的15%,且单个裂纹长度不大于3mm,则判为合格;当试验结果未满足上述要求时,则允许从同一试件上再取一个试样重新试验,若重新试验的结果满足上述要求,则仍判为合格,否则,判为不合格。

c) 冲击试验取样方向与焊缝方向垂直,正火、正火轧制和热机械轧制的C、D、E、F级钢材分别做0℃、-20℃、-40℃、-60℃冲击试验。各种钢材焊接接头的冲击功应符合表B.5的规定。若冲击韧性试验的每一组(3个)试样试验结果的平均值不低于规定值,且任一试验值都不小于规定值的70%,则判为合格;当试验结果未满足上述要求,允许从同一试件上再取一组(3个)附加试样重新试验,若总计6个试验值的平均值不小于规定值,且低于规定值的试验值不多于3个(其中,不得有2个以上的试验值低于规定值的70%,也不得有任一试验值低于规定值的 50%),则仍可判为合格,否则,判为不合格。

d) 在宏观断面试样上进行焊接接头的硬度试验,当接头硬度值不大于 HV380 时,则判为合格,否则,判为不合格。

e) 力学性能试验结束后,若发现试样断口上有超标缺陷,应查明产生该缺陷的原因并决定试验结果是否有效。

表 B.5 焊接接头夏比(V 形缺口)冲击试验的温度和冲击吸收能量

钢材牌号		质量等级	以下试验温度(℃)的冲击吸收能量 KV_2(J)									
标准	钢级		20		0		-20		-40		-60	
			纵向	横向	纵向	横向	纵向	横向	纵向	横向	纵向	横向
GB/T 1591	Q355、Q390、Q420 Q355N、Q390N、Q420N Q355M、Q390M、Q420M	B	34	27	—	—	—	—	—	—	—	—
	Q355、Q390、Q420、Q460 Q355N、Q390N、Q420N、Q460N Q355M、Q390M、Q420M、Q460M	C	—	—	34	27	—	—	—	—	—	—
	Q500M、Q550M、Q620M、Q690M	C			55	34						
	Q355、Q390	D	—	—	—	—	34[a]	27[a]	—	—	—	—
	Q355N、Q390N、Q420N、Q460N Q355M、Q390M、Q420M、Q460M	D	55	31	47	27	40[b]	20	—	—	—	—
	Q500M、Q550M、Q620M、Q690M	D	—	—	—	—	47[b]	27	—	—	—	—
	Q355N、Q390N、Q420N、Q460N Q355M、Q390M、Q420M、Q460M	E	63	40	55	34	47	27	31[c]	20[c]	—	—
	Q500M、Q550M、Q620M、Q690M	E	—	—	—	—	—		31[c]	20[c]	—	—
	Q355N、Q355M	F	63	40	55	34	47	27	31	20	27	16
GB/T 714	Q345q	C	—	—	34	—	—	—	—	—	—	—
	Q370q	C	—	—	41	—	—	—	—	—	—	—
	Q420q	C	—	—	47	—	—	—	—	—	—	—
	Q345q	D	—	—	—	—	34	—	—	—	—	—
	Q370q	D	—	—	—	—	41	—	—	—	—	—
	Q420q	D	—	—	—	—	47	—	—	—	—	—
	Q345q	E	—	—	—	—	—	—	34	—	—	—
	Q370q	E	—	—	—	—	—	—	41	—	—	—
	Q420q	E	—	—	—	—	—	—	47	—	—	—

[a] 仅适用于厚度大于 250mm 的 Q355D。

[b] 当需方指定,D 级钢可做 -30℃ 冲击试验时,冲击吸收能量纵向不小于 27J。

[c] 当需方指定,E 级钢可做 -50℃ 冲击试验时,冲击吸收能量纵向不小于 27J,横向不小于 16J。

B.3.6 每一评定应做一次宏观断面酸蚀试验,试验方法应符合《钢的低倍组织及缺陷酸蚀检验方法》(GB/T 226)的规定;焊缝成形系数应为 1.3 ~ 2.0。

B.3.7　不同材质焊接接头的拉伸、冲击、弯曲等力学性能应按性能要求较低的材质进行评定。

B.4　评定报告

焊接工艺评定报告应包括下列内容：

a）母材和焊接材料的型(牌)号、规格、化学成分和机械性能等；

b）试板图；

c）试件的焊接条件及施焊工艺参数；

d）焊缝外观及探伤检验结果；

e）机械性能试验及宏观断面酸蚀试验结果；

f）结论。

附 录 C
(规范性附录)
圆柱头焊钉焊接工艺评定

C.1 一般规定

C.1.1 试验用焊接圆柱头焊钉的钢板材质应与生产用钢板相同,按较厚板选用。

C.1.2 圆柱头焊钉的力学性能和化学成分应符合设计文件和《电弧螺柱焊用圆柱头焊钉》(GB/T 10433)的规定。

C.1.3 瓷环应符合《电弧螺柱焊用圆柱头焊钉》(GB/T 10433)的规定。

C.1.4 试验用焊接设备应与生产用焊接设备相同。采用不同焊接方法焊接的焊钉应分别评定。遇有下列情况之一者,应重新进行评定:

a) 钢种改变;
b) 焊钉直径或焊钉端头镶嵌(或喷涂)稳弧脱氧剂的改变;
c) 焊机与配套焊枪形式、型号与规格的改变;
d) 瓷环材料与规格的改变;
e) 焊接电流变化 ±10% 以上,焊接时间为 1s 以上时变化超过 0.2s 或 1s 以下时变化超过 0.1s;
f) 焊钉伸出长度和提升高度的变化分别超过 1mm;
g) 焊钉焊接位置偏离平焊位置 15°以上的变化或立焊、仰焊位置的改变。

C.2 试验与检验

C.2.1 试验时应记录施焊参数。

C.2.2 圆柱头焊钉焊缝的外观质量应符合本指南 9.4 的要求,长度和直径应满足《电弧螺柱焊用圆柱头焊钉》(GB/T 10433)的规定。

C.2.3 圆柱头焊钉评定试验数量为 6 个,一组 3 个进行敲击 30°弯曲检验;另一组 3 个进行拉伸检验。

C.3 弯曲与拉伸检验

C.3.1 弯曲试验采用锤击圆柱头焊钉的方法,弯曲角度为 30°。当焊钉焊脚未出现肉眼可见裂缝时,则判定该焊钉焊缝为合格,否则为不合格。弯曲试验的 3 个焊钉全部合格,则判定该组弯曲评定试验为合格,若出现 2 个不合格,则判定该组弯曲评定试验为不合格。若出现 1 个不合格,加倍补做,加倍补做的全部合格后,则判定该组弯曲评定试验为合格。

C.3.2 焊钉拉伸试验断裂在焊钉部位,且拉力载荷满足《电弧螺柱焊用圆柱头焊钉》(GB/T 10433)的规定,则判定该焊钉焊缝为合格,否则为不合格。当 3 个焊钉焊缝全部合格时,则判定该组拉伸评定试验为合格。若拉伸试验出现 2 个不合格,则判定该组拉伸评定试验为不合格。若出现 1 个不合格,加倍补做试验,加倍补做的全部合格后,则判定该组拉伸评定试验为合格。

C.4 评定报告

焊接工艺评定报告应包括下列内容:

a) 钢板、焊钉规格、化学成分和力学性能等;
b) 试件的焊接条件及施焊工艺参数;
c) 焊缝外观检验结果;

d） 焊钉弯曲试验结果；

e） 焊钉拉伸试验结果；

f） 结论。

附　录　D

(规范性附录)

钢材及加工缺陷的修补

D.1　深度不超过 20mm 钢材局部边缘的夹层缺陷,可按本指南的相关规定清除缺陷后补焊并磨修。

D.2　钢材及各种加工缺陷的修补方法应符合表 D.1 的规定。

D.3　补焊的预热温度应较正常要求的预热温度提高 30℃ ~50℃。

表 D.1　超标缺陷修补方法

序号	缺陷种类	修补方法
1	钢材表面麻坑、划痕等	深度为 0.3mm ~ 1mm 时,可修磨匀顺(栓接面位置可不打磨);深度超过 1mm 时,应在补焊后修磨匀顺
2	钢材边缘局部的层状裂纹	深度不超过 5mm 时,可先清除裂纹后补焊并修磨;深度大于 5mm 时,应由焊接技术人员对裂纹产生的原因进行调查和分析,制定专门的返修工艺方案
3	切割边缘的缺口(或崩坑)	深度为 2mm 以内的,用砂轮磨顺;深度超过 2mm 的,磨出坡口补焊后修磨匀顺
4	焊缝裂纹及弯曲加工时产生的边缘裂纹	清除裂纹,按补焊工艺补焊后修磨匀顺
5	电弧擦伤	深度不大于 0.5mm 的缺陷,用砂轮修磨匀顺;深度大于 0.5mm 的缺陷,补焊后用砂轮磨平
6	焊瘤	用砂轮磨掉或用气刨清除掉后修磨匀顺
7	咬边	深度小于 1mm 的,用砂轮修磨匀顺;深度大于 1mm 的,补焊后用砂轮修磨匀顺
8	烧穿	清除熔渣,并用手弧焊补焊烧穿缺口
9	未焊透、夹渣、气孔、凹坑等	用碳弧气刨等清除后补焊并修磨匀顺
10	焊缝表面高低不平(含焊接接头处)	用砂轮修磨匀顺

附 录 E
(规范性附录)
涂装材料复验要求

E.1 一般规定

E.1.1 涂装材料应在保质期,并有完整的出厂质量证明书。

E.1.2 涂装材料品种、规格、技术性能指标应符合图纸和相关技术规范的要求。

E.1.3 涂装材料经复验合格后方可使用。涂装材料复验除应符合本附录要求外,尚应符合国家现行有关标准的规定。

E.1.4 涂装材料复验应按《涂料产品的取样》(GB/T 3186)的规定采取抽样法取样。对于每批涂料,取样 A、B 两份,A、B 样分别装入取样罐中(预留 5% 的空隙),按不同组别进行分别密封,A 样送检,送检全过程应有见证人。B 样密封保存,封条上应有监理单位、业主单位、分包单位、涂料供应单位等的代表共同签字。

E.1.5 涂装材料复验送样检验应符合以下要求:

a) 涂装材料应由国家认可具有 CMA 认证及其以上资质、信誉好的检测机构检测,并出具检测报告。

b) 涂装材料送验前,委托人须填写《委托检验协议书》,委托书填写应详尽具体,包括试验项目、试验要求及试验标准等,若有特殊要求,须在备注栏中加以注明。《委托检验协议书》由双方确认并签字认可后交试验接样人。

c) 从事检测工作的所有人员经过培训并取得相应的资格证书,检测人员应掌握一定的基础知识和专业理论知识,具有承担检验检测工作的能力,能较熟练地按操作规程、规范进行操作。

d) 材料复验接样人根据委托检验协议书内容核对试验样品,确认无误后,进行登记、编制本室编号,并将试验委托单交试样加工组进行加工,委托单同时送达相关专业室。

E.1.6 面漆色板的制造应符合表 E.1 的要求。

表 E.1 面漆色板制造要求

序号	色板种类	规格	数量	制造标准	用途
1	标准色卡、厂家色卡	—	3 套	—	用于色漆颜色选择
2	标准色板(金属底板)	50×120×(0.2~0.3)(mm)(最小规格)	6 块	GB 1727	涂料入厂验收

E.2 磨料

磨料应符合本指南 12.2.5 的规定。

E.3 涂料

E.3.1 涂料复检原则如下:

a) 主体涂装材料应逐批复验。批次为:底漆 6000L 为一批,中间漆 15000L 为一批、面漆 12000L 为一批;其他涂装材料按《铁路钢桥保护涂装及涂料供货技术条件》(TB/T 1527)规定每 10t 为一批。

b) 涂装材料应提供如下资料(包括但不限于):能进行外加固化涂层的固化时间,能进行工件搬运时的固化时间,完全固化时间等。

c) 涂装材料复验试样应随机抽取。

d) 检验结果如有某项指标存在争议时,允许在该批涂装材料中随机抽取一个样品,重新进行检验。

E.3.2 涂料复验必检项目如下:

a) 无机硅酸锌车间底漆:干燥时间、附着力。

b) 环氧磷酸锌底漆:附着力、干燥时间、不挥发物含量。

c) 环氧富锌底漆:附着力、金属锌含量、干燥时间、不挥发物含量。

d) 环氧磷酸锌封闭底漆:附着力、干燥时间、不挥发物含量。

e) 环氧云铁中间漆、环氧(厚浆)漆:附着力、干燥时间、不挥发物含量、弯曲性。

f) 氟碳面漆:氟含量、附着力、不挥发物含量、干燥时间、耐冲击性、细度。

g) 无机富锌防锈防滑涂料:附着力、不挥发物含量、干燥时间。

h) 环氧沥青涂料:不挥发物含量、耐冲击性、附着力。

i) 铝丝:化学成分。

E.3.3 钢桥用车间底漆技术要求和试验方法应符合表 E.2 的要求。

表 E.2 钢桥用车间底漆技术要求和试验方法

<table>
<tr><th rowspan="2">序号</th><th rowspan="2">项目</th><th colspan="2">技术指标</th><th rowspan="2">试验方法和标准</th></tr>
<tr><th>含锌车间底漆</th><th>不含锌车间底漆</th></tr>
<tr><td>1</td><td>在容器中状态</td><td colspan="2">搅拌后无硬块,呈均匀状态</td><td>目测</td></tr>
<tr><td>2</td><td>不挥发物含量(%)</td><td>40 ~ 60</td><td>35 ~ 55</td><td>GB/T 1725</td></tr>
<tr><td>3</td><td>不挥发分中的金属锌含量(%)</td><td>30 ~ 50</td><td>—</td><td>HG/T 3668</td></tr>
<tr><td>4</td><td>表干时间(min)</td><td colspan="2">≤5</td><td>GB/T 1728</td></tr>
<tr><td>5</td><td>焊接与切割</td><td colspan="2">合格</td><td>GB/T 6747</td></tr>
<tr><td>6</td><td>弯曲与成型</td><td colspan="2">合格</td><td>GB/T 6747</td></tr>
</table>

E.3.4 钢桥用防锈底漆技术要求和试验方法应符合表 E.3 的要求。

表 E.3 钢桥用防锈底漆技术要求和试验方法

<table>
<tr><th rowspan="2">序号</th><th rowspan="2" colspan="2">项目</th><th colspan="3">技术指标</th><th rowspan="2">试验方法和标准</th></tr>
<tr><th>无机富锌底漆[a]</th><th>环氧富锌底漆[b]</th><th>环氧磷酸锌底漆</th></tr>
<tr><td>1</td><td colspan="2">在容器中状态</td><td colspan="3">搅拌均匀后无硬块,呈均匀状态;
粉料呈微小均匀粉末状态</td><td>目测</td></tr>
<tr><td>2</td><td colspan="2">不挥发分中的金属锌含量(%)</td><td>≥80</td><td>≥70</td><td>—</td><td>HG/T 3668</td></tr>
<tr><td>3</td><td colspan="2">耐热性[c](℃)</td><td>400℃,1h 漆膜完整,允许变色</td><td>250℃,1h 漆膜完整,允许变色</td><td>—</td><td>GB/T 1735</td></tr>
<tr><td>4</td><td colspan="2">不挥发分含量(%)</td><td>≥75[d]</td><td>≥75</td><td>—</td><td>GB/T 1725</td></tr>
<tr><td rowspan="2">5</td><td rowspan="2">干燥时间(h)</td><td>表干</td><td>≤0.5</td><td colspan="2">≤2</td><td rowspan="2">GB/T 1728</td></tr>
<tr><td>实干</td><td>≤8</td><td colspan="2">≤24</td></tr>
<tr><td>6</td><td colspan="2">附着力,拉开法(MPa)</td><td>≥3</td><td colspan="2">≥5</td><td>GB/T 5210</td></tr>
</table>

表 E.3 钢桥用防锈底漆技术要求和试验方法(续)

序号	项目		技术指标			试验方法和标准
			无机富锌底漆[a]	环氧富锌底漆[b]	环氧磷酸锌底漆	
7	耐冲击性(cm)		—	50		GB/T 1732
8	抗滑移系数[e]	初始时	≥0.55	—		GB/T 50205
		安装时(6 个月内)	≥0.45			

[a] 无机富锌底漆包括醇溶型无机富锌底漆和水性无机富锌底漆。

[b] 如果富锌底漆采用鳞片状锌粉作填料,可降低锌粉用量,但漆膜表面电阻率应不大于 109Ω。

[c] 耐热性能为用于钢桥面的富锌类防锈底漆的检测项目。

[d] 无机富锌底漆用于防滑摩擦面时,不挥发分中的金属锌含量大于或等于 70%。

[e] 抗滑移系数为用于防滑摩擦面的无机富锌涂料检测项目。

E.3.5 环氧封闭漆技术要求和试验方法应符合表 E.4 的要求。

表 E.4 环氧封闭漆技术要求和试验方法

序号	项目		技术指标	试验方法和标准
1	在容器中状态		搅拌后无硬块,呈均匀状态	目测
2	不挥发物含量(%)		50~70	HG/T 3668
3	黏度,ISO-4 杯(s)		≤60	GB/T 6753.4
4	细度(μm)		≤60	GB/T 6753.1
5	干燥时间(h)	表干	≤2	GB/T 1728
		实干	≤12	
6	附着力(MPa)		≥5	GB/T 5210

E.3.6 环氧中间漆技术要求和试验方法应符合表 E.5 的要求。

表 E.5 环氧中间漆技术要求和试验方法

序号	项目		技术指标			试验方法和标准
			环氧(厚浆)漆	环氧(云铁)漆	环氧玻璃鳞片漆	
1	在容器中状态		搅拌后无硬块,呈均匀状态			目测
2	不挥发物含量(%)		≥75	≥75	≥80	GB/T 1725
3	干燥时间(h)	表干	≤4	≤4	≤4	GB/T 1728
		实干	≤24	≤24	≤24	
4	弯曲性(mm)		≤2	≤2	—	GB/T 6742
5	附着力(MPa)		≥5			GB/T 5210
6	耐冲击性(cm)		50	—		GB/T 1732
7	人工加速老化性能(变色 1 级、失光 1 级,涂层无生锈、起泡、剥落、开裂、粉化等异常现象)(h)		—	—	5000	GB/T 1865

E.3.7 耐候面漆技术要求和试验方法应符合表 E.6 的要求。

表 E.6 耐候面漆技术要求和试验方法

<table>
<tr><th rowspan="2">序号</th><th rowspan="2" colspan="2">项 目</th><th colspan="3">技术指标</th><th rowspan="2">试验方法和标准</th></tr>
<tr><th>丙烯酸脂肪族聚氨酯面漆</th><th>氟碳面漆</th><th>聚硅氧烷面漆</th></tr>
<tr><td>1</td><td colspan="2">不挥发物含量(%)</td><td>≥60</td><td>≥55</td><td>≥70</td><td>GB/T 1725</td></tr>
<tr><td>2</td><td colspan="2">细度(μm)</td><td>≤35</td><td>≤35</td><td>≤35</td><td>GB 6753.1</td></tr>
<tr><td>3</td><td colspan="2">溶剂可溶物氟含量(%)</td><td>—</td><td>≥24(优等品)
≥22(一等品)</td><td>—</td><td>HG/T 3792</td></tr>
<tr><td rowspan="2">4</td><td rowspan="2">干燥时间(h)</td><td>表干</td><td>≤2</td><td>≤2</td><td>≤2</td><td rowspan="2">GB/T 1728</td></tr>
<tr><td>实干</td><td>≤24</td><td>≤24</td><td>≤24</td></tr>
<tr><td>5</td><td colspan="2">弯曲性(mm)</td><td>≤2</td><td>≤2</td><td>≤2</td><td>GB/T 6742</td></tr>
<tr><td>6</td><td colspan="2">耐磨性,500r/500g(g)</td><td>≤0.06</td><td>≤0.05</td><td>≤0.04</td><td>GB 1768</td></tr>
<tr><td>7</td><td colspan="2">附着力(MPa)</td><td colspan="3">≥5</td><td>GB/T 5210</td></tr>
<tr><td>8</td><td colspan="2">耐冲击性(cm)</td><td colspan="3">50</td><td>GB/T 1732</td></tr>
<tr><td>9</td><td colspan="2">硬度</td><td colspan="3">≥0.6</td><td>GB/T 1730 B 法</td></tr>
<tr><td>10</td><td colspan="2">适用期(h)</td><td colspan="3">≥5</td><td>HG/T 3792—2006 中 5.11</td></tr>
<tr><td>11</td><td colspan="2">人工加速老化性能(变色 1 级、失光 1 级,涂层无生锈、起泡、剥落、开裂、粉化等异常现象)(h)</td><td>—</td><td>5000</td><td>—</td><td>GB/T 1865</td></tr>
<tr><td>12</td><td colspan="2">重涂性</td><td colspan="3">重涂无障碍</td><td>HG/T 3792—2006 中 3.12</td></tr>
</table>

E.3.8 无机富锌防锈防滑涂料技术要求和试验方法应符合表 E.7 的要求。

表 E.7 无机富锌防锈防滑涂料技术要求和试验方法

序号	名 称	技术指标	试验方法和标准
1	在窗口中状态	均匀无异常	目测
2	不挥发物含量(重量)(%)	≥80	GB/T 1725
3	不挥发分中的金属锌含量(%)	≥70	HG/T 3668
4	表干时间(min)	≤30	GB/T 1728
5	附着力(拉开法)(MPa)	≥3	GB/T 5210

E.4 试验方法

E.4.1 涂层

E.4.1.1 耐水性按《漆膜耐水性测定法》(GB/T 1733)的规定进行。

E.4.1.2 耐盐水性按《色漆和清漆 耐液体介质的测定》(GB/T 9274)的规定进行。

E.4.1.3 耐化学品性能按《色漆和清漆 耐液体介质的测定》(GB/T 9274)的规定进行,使用溶液为5% NaOH 和5% H_2SO_4水溶液。

E.4.1.4 附着力按《色漆和清漆 拉开法附着力试验》(GB/T 5210)的规定进行。

E.4.1.5 耐盐雾性能按《色漆和清漆 耐中性盐雾性能的测定》(GB/T 1771)的规定进行。

E.4.1.6 人工加速老化性能按《色漆和清漆 人工气候老化和人工辐射暴露》(GB/T 1865)的规定进行。

E.4.1.7 涂层体系试验后,漆膜表面缺陷评判按《色漆和清漆 涂层老化的评级方法》(GB/T 1766)的规定进行。

E.4.1.8 涂料的技术要求和试验方法见本指南 E.3.3 ~ E.3.8。

E.4.2 表面处理

E.4.2.1 除锈等级评判按照《涂覆涂料前钢材表面处理 表面清洁度的目视评定 第1部分:未涂覆过的钢材表面和全面清除原有涂层后的钢材表面的锈蚀等级和处理等级》(GB/T 8923.1)的规定进行。

E.4.2.2 表面粗糙度按照 GB/T 13288(涂覆涂料前钢材表面处理喷射清理后的钢材表面粗糙度特性:第1 ~ 4部分)或《产品几何技术规范 表面结构 轮廓法评定表面结构的规则和方法》(GB/T 10610)的规定进行。

E.4.2.3 表面油污检查可采用以下两种方法:

a) 粉笔试验法——适用于非光滑的钢结构表面,对于怀疑有油污污染的区域,用粉笔画一条直线贯穿油污区域。如果在该区域内,粉笔线条变细或变浅,说明该区域可能被油污污染。

b) 醇溶液试验法——适用于所有钢结构表面,对于怀疑有油污污染的部位,用蘸有异丙醇的脱脂棉球擦拭,并将异丙醇挤入透明的玻璃管中。加入2倍 ~ 3倍的蒸馏水,振荡混合约20min。以相同体积的异丙醇蒸馏水溶液为参照,如果溶液呈混浊状,表明钢结构表面有油污污染。

E.4.2.4 表面灰尘清洁度按《涂覆涂料前钢材表面处理 表面清洁度的评定试验 第3部分:涂覆涂料前钢材表面的灰尘评定(压敏粘带法)》(GB/T 18570.3)的规定进行。

E.4.2.5 表面可溶性氯化物按《涂覆涂料前钢材表面处理 表面清洁度的评定试验 第6部分:可溶性杂质的取样 Bresle 法》(GB/T 18570.6)和《涂装油漆和有关产品前钢材预处理 表面清洁度的评定试验 第9部分:水溶性盐的现场电导测定法》(ISO 8502-9)的规定进行。

E.4.3 涂层

E.4.3.1 涂层湿膜和厚度干膜测试方法按《色漆和清漆 漆膜厚度的测定》(GB/T 13452.2)的规定执行。

E.4.3.2 涂层附着力试验方法如下:

a) 涂料涂层附着力按《色漆和清漆 漆膜的划格试验》(GB/T 9286)或《色漆和清漆 拉开法附着力试验》(GB/T 5210)的规定执行。

b) 锌、铝涂层附着力按《热喷涂 金属和其他无机覆盖层 锌、铝及其合金》(GB/T 9793)中的栅格试验法规定执行。

E.5 检验

E.5.1 取样

E.5.1.1 现场取样应使用专用的样品取样罐。确保现场取样罐的清洁,没有灰尘、水等杂质。

E.5.1.2 抽检的产品包装完整,标志清晰。

E.5.1.3 采用电动或气动搅拌装置,确保抽检产品均匀一致。

E.5.2 检验项目

E.5.2.1 涂层性能的检验项目见本指南 E.3.2 ~ E.3.8。
E.5.2.2 现场涂层检验项目应包含外观、厚度和附着力。

E.5.3 判定原则

进场涂料检验结果全部符合本指南的要求为合格。检验结果有一项指标不符合要求时,允许对不符合要求的项目进行复验,复验结果仍不符合要求,则判定该批产品为不合格。

E.6 检测报告

E.6.1 涂料检测报告应由具有国家涂料监督检测中心出具。
E.6.2 报告包括但不限于涂料的 VOC 含量、重金属含量、耐酸性、耐碱性、耐水性、耐湿热性、耐盐雾性、耐人工加速老化性能、抗渗性、抗菌性、疲劳性、耐黄变性、冻融性能、兼容性、耐候性、贮存期、适用期、配套性能及施工性能,并附上各涂料主剂和固化剂各自的表面能、密度、主要成分等基本信息。

附 录 F
(规范性附录)
高强度螺栓连接抗滑移系数试验方法

F.1 基本要求

F.1.1 高强度螺栓生产单位和钢结构制造单位应分别以钢结构制造批为单位进行抗滑移系数试验。制造批可按单位工程划分;桁架梁、桁架拱每 2000t 为一批,不足 2000t 的可视为一批;钢箱梁每 5000t 为一批,不足 5000t 的可视为一批。选用两种及两种以上表面处理工艺时,每种处理工艺应单独检验。每批三组试件。

F.1.2 测定抗滑移系数的试件应由钢桥制造单位加工,试件与所代表的钢桥应为同一材质、同批制造、同一摩擦面处理工艺和具有相同的表面状态,使用同一性能等级和同一直径的高强度螺栓连接副,并在相同条件下运输、存放。

F.1.3 抗滑移系数试验应采用双摩擦面的两栓或三栓接的拉力试件(图 F.1),试件的设计应考虑摩擦面在滑移之前,试件钢板的净截面仍处于弹性状态。

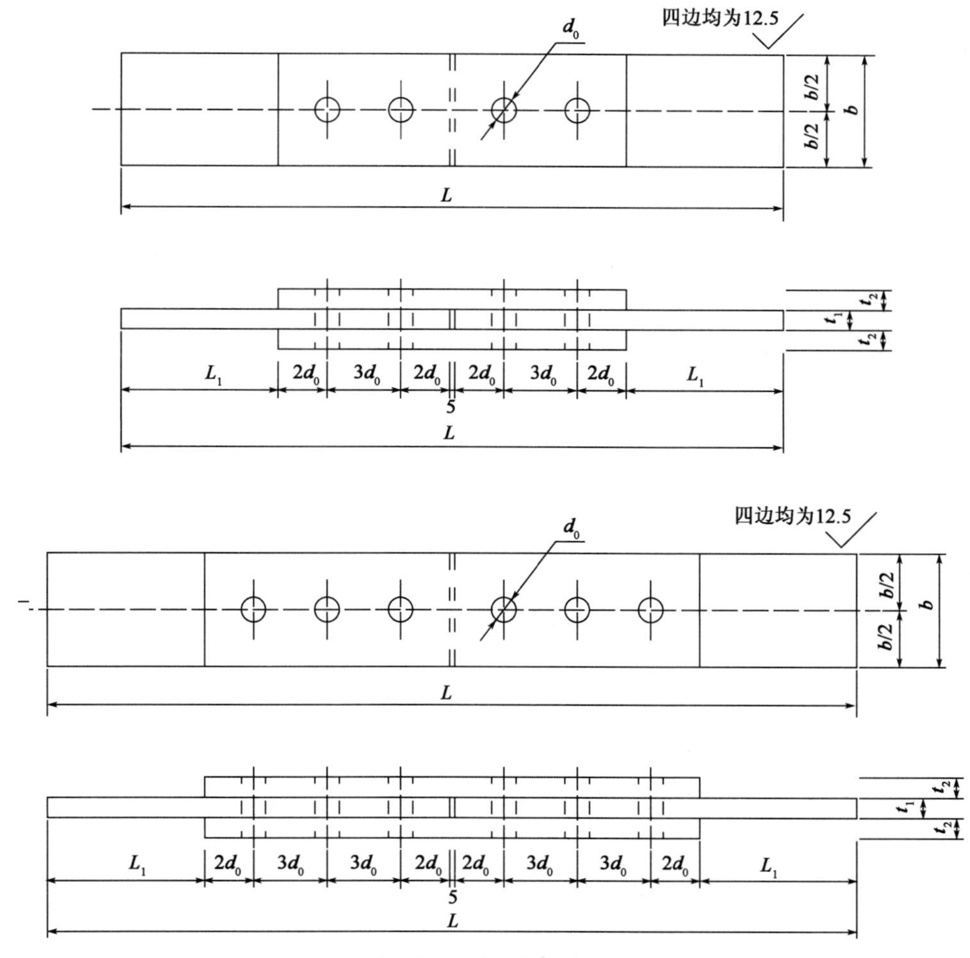

图 F.1 抗滑移系数试件的形式和尺寸

F.1.4 试件的钢板厚度 t_1、t_2 应根据钢桥中有代表性的板材厚度来确定,同时应考虑在摩擦面滑移之前,试件钢板的净截面始终处于弹性状态;宽度 b 可参照表 F.1 规定取值,L_1 应根据试验机夹具的要求确定。

表 F.1 试件板的宽度

项　　目	螺栓直径 d(mm)					
	16	20	22	24	27	30
板宽 b(mm)	100	100	110	110	120	120

F.1.5 试件板面应平整,无油污,孔和板的边缘无飞边、毛刺。

F.2 试验方法

F.2.1 试验用的试验机误差不应大于1%。

F.2.2 在试验前应采用试验机对贴有电阻应变片的试验用高强度螺栓、压力传感器和电阻应变仪进行标定,其误差不应大于2%。

F.2.3 试件的组装顺序应符合:先将冲钉打入试件孔定位,然后逐个换成装有压力传感器或贴有电阻应变片的高强度螺栓,或换成同批经预拉力复验的扭剪型高强度螺栓。

F.2.4 紧固高强度螺栓应分初拧、终拧。初拧应达到螺栓预拉力标准值的50%左右。终拧后,螺栓预拉力应符合下列规定:

a) 对装有压力传感器或贴有电阻应变片的高强度螺栓,采用电阻应变仪实测控制试件每个螺栓的预拉力值应在 $0.95P \sim 1.05P$(P 为高强度螺栓设计预拉力值)之间。

b) 不进行实测时,扭剪型高强度螺栓的预拉力(紧固轴力)可取同批复验预拉力的平均值。

F.2.5 将组装好的试件置于拉力试验机上,应使试件的轴线与试验机夹具中心严格对中,并在试件侧面画直线。应采用电阻应变仪测高强度螺栓实际预拉力,然后进行试件加荷。先加抗滑移设计荷载值10%的荷载,停1min后,再平稳加荷,加荷速度为3kN/s~5kN/s。直拉至滑动破坏,测得滑移荷载 N_v。

F.2.6 在试验中当发生以下情况之一时,所对应的荷载可定为试件的滑移荷载:

a) 试验机发生回针现象;

b) X-Y 记录仪中变形曲线发生突变;

c) 试件测面画线发生错动;

d) 试件突然发生"嘣"的响声。

F.3 抗滑移系数计算方法

抗滑移系数 μ 按式(F.1)计算,宜取小数点后两位有效数字。

$$\mu = \frac{N_v}{n_f \sum_{i=1}^{m} P_t} \tag{F.1}$$

式中:N_v——由试验机测得的滑动荷载(kN,取三位有效数字);

n_f——摩擦面面数,取 $n_f = 2$;

$\sum_{i=1}^{m} P_t$——试件滑移一侧高强度螺栓预拉力实测值(或同批螺栓连接副的预拉力平均值)之和(kN,取三位有效数字);

m——试件一侧螺栓数量。

附 录 G
(规范性附录)
超声波探伤

G.1 一般规定

G.1.1 探伤人员应了解工件的材质、结构、曲率、厚度、焊接方法、焊缝种类、坡口形式、焊缝余高及背面衬垫、沟槽等实际情况。

G.1.2 根据质量要求,检验等级可按下列规定划分为 A、B、C 三级:

a) A 级检验:采用一种角度探头在焊缝的单面单侧进行检验,只对允许扫查到的焊缝截面进行探测。一般可不要求作横向缺陷的检验。母材厚度大于 50mm 时,不得采用 A 级检验。

b) B 级检验:一般采用一种角度探头在焊缝的单面双侧进行检验,对整个焊缝截面进行探测。母材厚度大于 100mm 时,应采用双面双侧检验;当受构件的几何条件限制时,可在焊缝的双面单侧采用两种角度的探头进行探伤;条件允许时要求作横向缺陷的检验。

c) C 级检验:至少应采用两种角度探头在焊缝的单面双侧进行检验,且应同时作两个扫查方向和两种探头角度的横向缺陷检验。母材厚度大于 100mm 时,宜采用双面双侧检验。

G.1.3 钢结构焊缝质量的超声波探伤检验等级应根据工件的材质、结构、焊接方法、受力状态选择,当结构设计和施工上无特别规定时,钢结构焊缝质量的超声波探伤检验等级宜选用 B 级。

G.2 设备与器材

G.2.1 模拟式和数字式的 A 型脉冲反射式超声仪的主要技术指标应符合表 G.1 的规定。

表 G.1 A 型脉冲反射式超声仪的主要技术指标

仪器部件	项目	技术指标
超声仪主机	工作频率(MHz)	2~5
	水平线性(%)	≤1
	垂直线性(%)	≤5
	衰减器或增益器总调节量(dB)	≥80
	衰减器或增益器每挡步进量(dB)	≤2
	衰减器或增益器任意 12dB 内误差(dB)	≤±1
探头	声束轴线水平偏离角(°)	≤2
	折射角偏差(°)	≤2
	前沿偏差(mm)	≤1
超声仪主机与探头的系统	在达到所需最大检测声程时,其有效灵敏度余量(dB)	≥10
	远场分辨率(dB)	直探头:≥30 斜探头:≥6

G.2.2 超声仪、探头及系统性能的检查应按《无损检测 A 型脉冲反射式超声检测系统工作性能测试方法》(JB/T 9214)规定的方法测试,其周期检查项目及时间应符合表 G.2 的规定。

表 G.2 超声仪、探头及系统性能的周期检查项目及时间

检查项目	检查时间
前沿距离、折射角或 K 值偏离角	开始使用及每隔 5 个工作日
灵敏度余量、分辨率	开始使用、修理后及每隔 1 个月
超声仪的水平线性、超声仪的垂直线性	开始使用、修理后及每隔 3 个月

G.2.3 探头的选择应符合下列规定：

a) 纵波直探头的晶片直径宜在 10mm ~ 20mm 范围内，频率宜为 1.0MHz ~ 5.0MHz；

b) 横波斜探头应选用在钢中的折射角为 45°、60°、70°或 K 值为 1.0、1.5、2.0、2.5、3.0 的横波斜探头，其频率宜为 2.0MHz ~ 5.0MHz；

c) 纵波双晶探头两晶片之间的声绝缘应良好，且晶片的面积不应小于 150mm^2；

d) 探伤面与斜探头的折射角(或 K 值)应根据材料厚度、焊缝坡口形式等因素选择，检测不同板厚所用探头角度宜按表 G.3 采用。

表 G.3 不同板厚所用探头角度

<table>
<tr><th rowspan="2">板厚
(mm)</th><th colspan="3">检验等级</th><th rowspan="2">探伤法</th><th rowspan="2">推荐的折射角(K 值)</th></tr>
<tr><th>A 级</th><th>B 级</th><th>C 级</th></tr>
<tr><td>8 ~ 25</td><td rowspan="2">单面
单侧</td><td colspan="2" rowspan="3">单面双侧或
双面单侧</td><td rowspan="2">直射法及
一次反射法</td><td>70°(K = 2.5)</td></tr>
<tr><td>25 ~ 50</td><td>70°或 60°和 70°并用(K = 2.5 或 5.0 和 K = 2.5 并用)</td></tr>
<tr><td>50 ~ 100</td><td>—</td><td rowspan="2">直射法</td><td>45°和 60°并用或 45°和 70°并用
(K = 1.0 和 K = 2.0 并用或 K = 1.0 和 K = 2.5 并用)</td></tr>
<tr><td>>100</td><td>—</td><td colspan="2">双面双侧</td><td>45°和 60°并用(K = 1.0 和 K = 2.0 并用)</td></tr>
</table>

G.2.4 钢结构中 T 形接头、角接接头的超声波检测，除用平板焊缝中提供的各种方法外，尚应考虑到各种缺陷的可能性，在选择探伤面和探头时，宜使声束垂直于该焊缝中的主要缺陷。在对 T 形接头、角接接头进行超声波检测时，探伤面和探头的选择应符合表 G.4 及下列要求：

a) T 形接头、角接接头检测应根据腹板厚度选择探头角度，探头选择应符合表 G.4 的规定。

表 G.4 不同腹板厚度选用的探头角度

腹板厚度(mm)	探头折射角 β(K 值)
<25	70°(K = 2.5)
25 ~ 50	60°(K = 2.0 或 2.5)
>50	45°(K = 1.0 或 1.5)

b) 对于 T 形接头，可使用 K1 探头在腹板采用一次直射法和一次反射法探测焊缝及腹板侧热影响区的裂纹，如图 G.1 所示。

c) 为探测 T 形接头焊缝腹板及翼缘间未焊透或翼缘侧焊缝下层状撕裂等缺陷，可使用直探头或斜探头在翼板外侧探测，也可使用 K1 探头在翼缘内侧采用一次反射法探测，如图 G.2 所示。

d) 角接接头探伤面的选择应符合图 G.3 的要求。

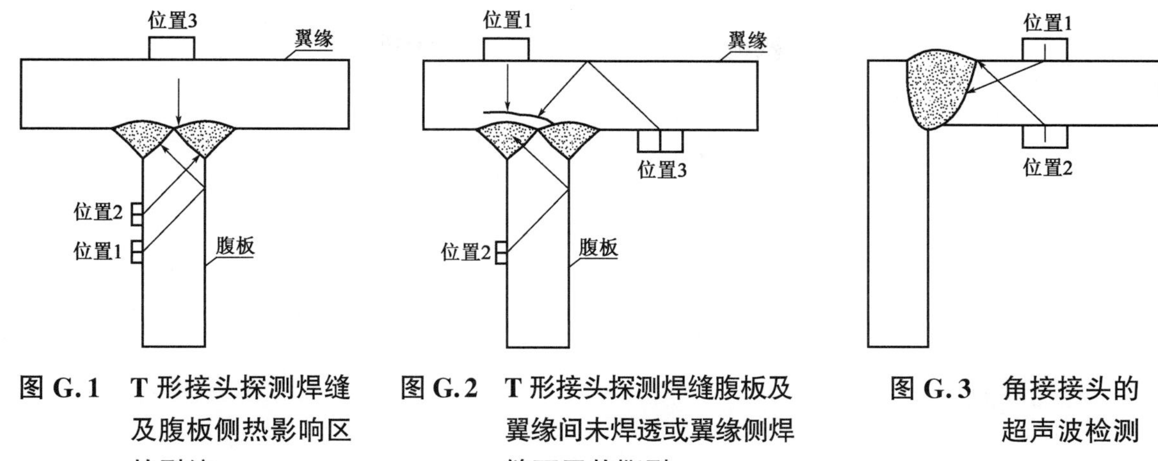

图 G.1 T 形接头探测焊缝及腹板侧热影响区的裂纹　**图 G.2 T 形接头探测焊缝腹板及翼缘间未焊透或翼缘侧焊缝下层状撕裂**　**图 G.3 角接接头的超声波检测**

G.2.5 标准试块应符合《无损检测　超声检测用试块》(GB/T 23905)的规定。

G.3 检测

G.3.1 检测前,应对超声仪的主要技术指标(如斜探头入射点、斜率 K 值或角度)进行检查确认;应根据所测工件的尺寸调整仪器时基线,并应绘制距离-波幅(DAC)曲线。

G.3.2 距离-波幅(DAC)曲线应由选用的仪器、探头系统在对比试块上的实测数据绘制而成。当探伤面曲率半径 R 小于或等于 $W^2/4$(W 为探头接触面宽度)时,距离-波幅(DAC)曲线的绘制应在曲面对比试块上进行。距离-波幅(DAC)曲线的绘制应符合下列要求:

a) 绘制成的距离-波幅曲线(图 G.4)应由评定线 EL、定量线 SL 和判废线 RL 组成。评定线与定量线之间(包括评定线)的区域规定为Ⅰ区,定量线与判废线之间(包括定量线)的区域规定为Ⅱ区,判废线及其以上区域规定为Ⅲ区。

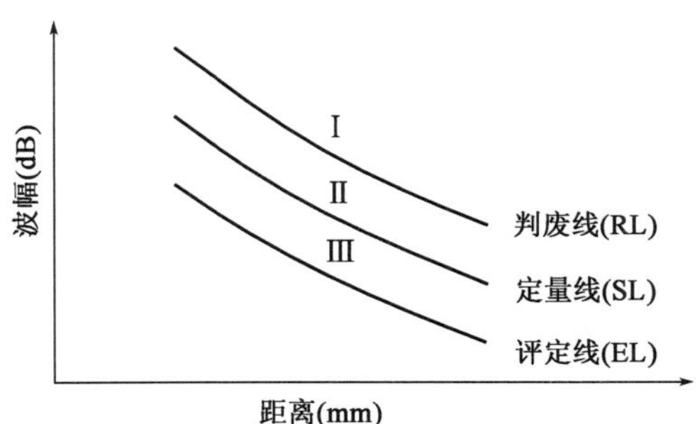

图 G.4 距离-波幅曲线示意图

b) 不同检验等级所对应的灵敏度要求应符合表 G.5 的规定。表中的 DAC 应以 ϕ3mm 横通孔作为标准反射体绘制距离-波幅曲线(即 DAC 曲线)。在满足被检工件最大测试厚度的整个范围内绘制的距离-波幅曲线在探伤仪荧光屏上的高度不应低于满刻度的 20%。

表 G.5 距离-波幅曲线的灵敏度

距离-波幅曲线	检验等级		
	A 级 (板厚 = 8mm ~ 50mm)	B 级 (板厚 = 8mm ~ 300mm)	C 级 (板厚 = 8mm ~ 50mm)
判废线 RL	DAC	DAC-4dB	DAC-2dB
定量线 SL	DAC-10dB	DAC-10dB	DAC-8dB
评定线 EL	DAC-16dB	DAC-16dB	DAC-14dB

G.3.3 超声波检测应包括探测面的修整、涂抹耦合剂、探伤作业、缺陷的评定等步骤。

G.3.4 检测前应对探测面进行修整或打磨，清除焊接飞溅、油垢及其他杂质，表面粗糙度不应超过6.3μm。当采用一次反射或串列式扫查检测时，一侧修整或打磨区域宽度应大于2.5倍板厚。

G.3.5 当采用直射检测时，一侧修整或打磨区域宽度应大于1.5倍板厚。

G.3.6 应根据工件的不同厚度进行仪器时基线水平、深度或声程的调节。当探伤面为平面或曲率半径R大于$W^2/4$时（W为探头接触面宽度），可在对比试块上进行时基线的调节；当探伤面曲率半径R小于或等于$W^2/4$时，探头楔块应磨成与工件曲面相吻合的形状，反射体的布置可参照对比试块确定，试块宽度应按式（G.1）进行计算。

$$b \geqslant 2\lambda S/D_0 \tag{G.1}$$

式中：b——试块宽度（mm）；

λ——波长（mm）；

S——声程（mm）；

D_0——声源有效直径（mm）。

G.3.7 当受检工件的表面藕合损失及材质衰减与试块不同时，宜考虑表面补偿或材质补偿。

G.3.8 耦合剂应具有良好透声性和适宜流动性，不应对材料和人体有损伤作用，同时应便于检测后清理。当工件处于水平面上检测时，宜选用液体类藕合剂；当工件处于竖立面检测时，宜选用糊状类藕合剂。

G.3.9 探伤灵敏度不应低于评定线灵敏度。扫查速度不应大于150mm/s，相邻两次探头移动区域应保持有探头宽度10%的重叠。在查找缺陷时，扫查方式可选用锯齿形扫查、斜平行扫查和平行扫查。为确定缺陷的位置、方向、形状、观察缺陷动态波形，可采用前后、左右、转角、环绕等四种探头扫查方式。

G.3.10 对所有反射波幅超过定量线的缺陷，均应确定其位置、最大反射波幅所在区域和缺陷指示长度。缺陷指示长度的测定可采用以下两种方法：

a） 当缺陷反射波只有一个高点时，宜用降低6dB相对灵敏度法测定其长度。

b） 当缺陷反射波有多个高点时，则宜以缺陷两端反射波极大值之处的波高降低6dB之间探头的移动距离，作为缺陷的指示长度（图G.5）。

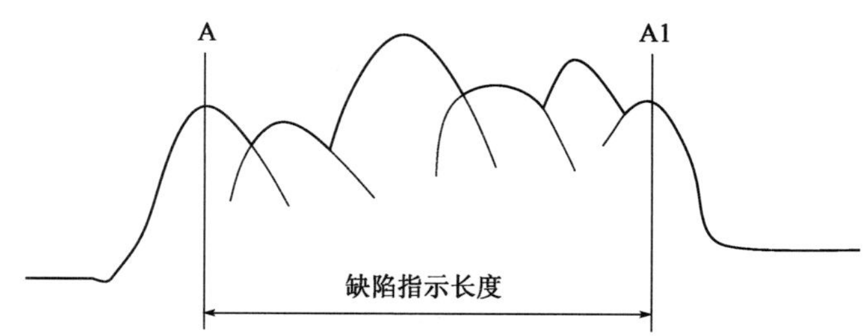

图G.5 端点峰值测长法

注：A表示缺陷超标的开始位置；A1表示缺陷超标的结束位置。

c） 当缺陷反射波在工区未达到定量线时，如探伤者认为有必要记录时，可将探头左右移动，使缺陷反射波幅降低到评定线，以此测定缺陷的指示长度。

G.3.11 在确定缺陷类型时，可将探头对准缺陷作平动和转动扫查，观察波形的相应变化，并可结合操作者的工程经验作出判断。

G.4 评定

G.4.1 缺陷评定应符合以下要求：

a） 超过评定线的信号应注意其是否具有裂纹等危害性缺陷特征，如有怀疑时应采取改变探头角度、增加探伤面、观察动态波形、结合结构工艺特征等作出判定，如对波形不能准确判断时，应辅以其他检验作出综合判定；

b） 最大反射波幅位于长度评定区（Ⅱ区）的缺陷，其指示长度小于8mm时按5mm计；

c） 相邻两缺陷各向间距小于8mm时，两缺陷指示长度之和作为单个缺陷的指示长度。

G.4.2 超声波探伤缺陷等级评定应符合表G.6的规定。

表G.6 超声波探伤缺陷等级评定

焊缝等级	板厚[a]（mm）	单个缺陷指示长度[b]（mm）
对接焊缝Ⅰ级	8～100	$t/3$，最小10，最大30
对接焊缝Ⅱ级		$2t/3$，最小12，最大30
熔透角焊缝Ⅰ级		$t/3$，最小10，最大30
熔透角焊缝Ⅱ级		$2t/3$，最小12，最大30
坡口角焊缝Ⅱ级		$t/2$，最小10，最大30
角焊缝Ⅱ级		$t/2$，最小10，最大30

[a] 母材板厚不同时，按较薄板评定。

[b] 缺陷指示长度小于10mm时，按5mm计。

G.4.3 检验结果按以下规定进行判定：

a） 判定为裂纹、未熔合、未焊透（对接焊缝）等危害性缺陷者，应判定为不合格；

b） 除本条a）款之外的缺陷满足表G.6质量等级要求的判定为合格，否则判定为不合格。

G.4.4 不合格的缺陷应予返修，修补后，返修部位及补焊受影响的区域应按原探伤条件进行复验，复探部位的缺陷应按本附录评定。

G.4.5 检测评定后应填写检测评定记录。

附 录 H
(规范性附录)
磁 粉 探 伤

H.1 设备与器材

H.1.1 磁粉探伤装置应根据被测工件的形状、尺寸和表面状态选择,并满足检测灵敏度的要求。

H.1.2 对于磁轭法检测装置,当极间距离为150mm、磁极与试件表面间隙为0.5mm时,其交流电磁轭提升力应大于45N,直流电磁轭提升力应大于177N。

H.1.3 对接管子和其他特殊试件的检测可采用线圈法、平行电缆法等。对于铸钢件可采用通过支杆直接通电的触头法,触头间距宜为75mm~200mm。

H.1.4 磁悬液施加装置应均匀地喷洒到试件上。磁粉探伤仪的其他装置应符合《无损检测 磁粉检测 第3部分:设备》(GB/T 15822.3)的有关规定。

H.1.5 磁粉检测中磁悬液可选用油剂或水剂作为载液。常用的油剂可选用无味煤油、变压器油、煤油与变压器油的混合液;常用的水剂可选用含有润滑剂、防腐剂、消泡剂等的水溶液。

H.1.6 在配制磁悬液时,应先将磁粉或磁膏用少量载液调成均匀状,再在连续搅拌中缓慢加入所需载液,应使磁粉均匀弥散在载液中,直至磁粉和载液达到规定比例。磁悬液的检验应符合《无损检测 磁粉检测 第2部分:检测介质》(GB/T 15822.2)的有关规定。

H.1.7 对用非荧光磁粉配制的磁悬液,磁粉配制浓度宜为10g/L~25g/L;对用荧光磁粉配制的磁悬液,磁粉配制浓度宜为lg/L~2g/L。

H.1.8 用荧光磁悬液检测时,应采用黑光灯照射装置。当照射距离试件表面为380mm时,测定紫外线辐射强度不应小于10W/m^2。

H.1.9 检查磁粉探伤装置、磁悬液的综合性能及检定被检区域内磁场的分布规律等,可用灵敏度试片进行测试。

H.1.10 A型灵敏度试片应采用100m厚的软磁材料制成;型号有1号、2号、3号三种,其人工槽深度应分别为15m、30m和60m,A型灵敏度试片的几何尺寸应符合图H.1的规定。

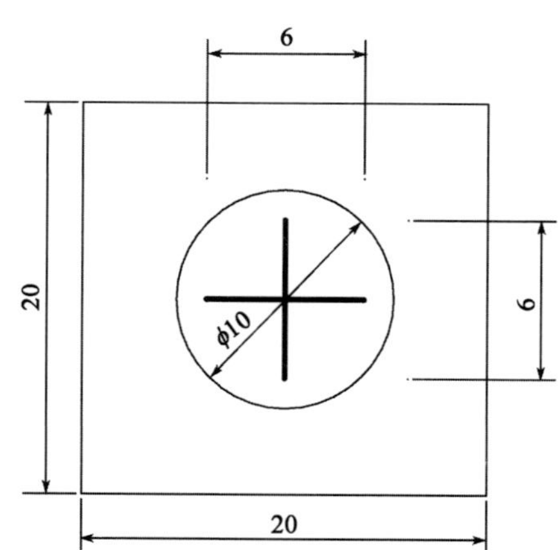

图H.1 A型灵敏度试片的尺寸(尺寸单位:mm)

H.1.11 当磁粉检测中使用A型灵敏度试片有困难时,可用与A型材质和灵敏度相同的C型灵敏度试片代替。C型灵敏度试片厚度应为50μm,人工槽深度应为15μm,其几何尺寸应符合图H.2的规定。

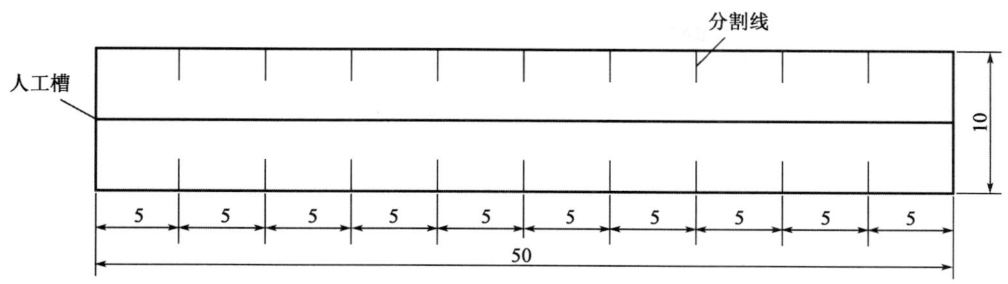

图 H.2　C 型灵敏度试片的尺寸(尺寸单位:mm)

H.1.12　在连续磁化法中使用的灵敏度试片,应将刻有人工槽的一侧与被检试件表面紧贴。可在灵敏度试片边缘用胶带粘贴,但胶带不得覆盖试片上的人工槽。

H.2　检测

H.2.1.1　磁粉检测应按照预处理、磁化、施加磁悬液、磁痕观察与记录、后处理等步骤进行。

H.2.1.2　预处理应符合下列要求:

a)　应对试件探伤面进行清理,清除检测区域内试件上的附着物(油漆、油脂、涂料、焊接飞浅、氧化皮等);在对焊缝进行磁粉检测时,清理区域应由焊缝向两侧母材方向各延伸 20mm 的范围。

b)　根据工件表面的状况、试件使用要求,选用油剂载液或水剂载液。

c)　根据现场条件、灵敏度要求,确定用非荧光磁粉或荧光磁粉。

d)　根据被测试件的形状、尺寸选定磁化方法。

H.2.2　磁化应符合下列规定:

a)　磁化时,磁场方向宜与探测的缺陷方向垂直,与探伤面平行。

b)　当无法确定缺陷方向或有多个方向的缺陷时,应采用旋转磁场或采用两次不同方向的磁化方法。采用两次不同方向的磁化时,两次磁化方向应垂直。

c)　检测时,应先放置灵敏度试片在试件表面,检验磁场强度和方向以及操作方法是否正确。

d)　用磁扼法检测时,应有覆盖区,磁扼每次移动的覆盖部分应在 10mm ~ 20mm 之间。

e)　用触头法检测时,每次磁化的长度宜为 75mm ~ 200mm;检测过程中,应保持触头端干净,触头与被检表面接触应良好,电极下宜采用衬垫。

f)　探伤装置在被检部位放稳后方可接通电源,移去时应先断开电源。

H.2.3　在施加磁悬液时,可先喷洒一遍磁悬液使被测部位表面湿润,在磁化时再次喷洒磁悬液。磁悬液宜喷洒在行进方向的前方,磁化应一直持续到磁粉施加完成为止,形成的磁痕不应被流动的液体所破坏。

H.2.4　磁痕观察与记录应按下列要求进行:

a)　磁痕的观察应在磁悬液施加形成磁痕后立即进行;

b)　采用非荧光磁粉时,应在能清楚识别磁痕的自然光或灯光下进行观察(观察面亮度应大于 500 lx);采用荧光磁粉时,应使用符合本指南 H.1.8 规定的黑光灯装置,并应在能识别荧光磁痕的亮度下进行观察(观察面亮度应小于 20 lx);

c)　应对磁痕进行分析判断,区分缺陷磁痕和非缺陷磁痕;

d)　可采用照相、绘图等方法记录缺陷的磁痕。

H.2.5　检测完成后,应按下列要求进行后处理:

a)　被测试件因剩磁而影响使用时,应及时进行退磁;

b)　对被测部位表面应清除磁粉,并清洗干净,必要时应进行防锈处理。

H.3 评定

H.3.1 焊接接头磁粉探伤方法和探伤结果应符合《焊缝无损检测 磁粉检测》(GB/T 26951)、《焊缝无损检测 焊缝磁粉检测 验收等级》(GB/T 26952)规定,并同时满足本附录的要求。

H.3.2 检测表面的宽度应包括焊缝金属宽度和每侧各 10mm 距离的临近母材金属宽度。

H.3.3 相邻且间距小于其中较小的显示主轴尺寸时,应作为单个的连续显示评定。

H.3.4 当缺陷为裂纹时,应直接评定为不合格。线形缺陷和圆形缺陷的评定应符合表 H.1 的规定。满足表 H.1 要求的评定为合格;不满足表 H.1 要求的评定为不合格。

表 H.1 线形缺陷和圆形缺陷评定

显示类型	允许的缺陷尺寸上限(mm)
线状显示	$L \leqslant 1.5$(L 为显示长度)
非线状显示	$d \leqslant 3$(d 为主轴长度)
注:线状显示是指长度大于 3 倍宽度的显示;非线状显示是指长度等于或小于 3 倍宽度的显示。	

H.3.5 不合格的缺陷,应予返修,返修复检部位应在检测报告的检测结果中标明。返修区域修补后,返修部位及补焊受影响的区域,应按原探伤条件进行复验,复探部位的缺陷应按本附录评定。

H.3.6 检测评定后应填写检测评定记录。

附　录　I

（规范性附录）

射　线　探　伤

I.1　一般规定

I.1.1　X 射线和 Y 射线对人体健康会造成极大危害。无论使用何种射线装置，应具备必要的防护设施，尽量避免射线的直接或间接照射。射线照相的辐射防护应遵循 GB/T 4792、GB/T 16357、GB/T 15465 及相关各级安全防护法规的规定。

I.1.2　工件表面处理和检测时机应符合以下要求：

a）当工件表面不规则状态或履层可能给辨认缺陷造成困难时，应对工件表面进行适当处理。

b）除非另有规定，射线照相应在制造完工后进行。对有延迟裂纹倾向的材料，通常至少应在焊后 24h 以后进行射线照相检测。

I.1.3　当射线底片上无法清晰地显示焊缝边界时，应在焊缝两侧放置高密度材料的识别标记。

I.1.4　被检工件的每一透照区段，均须放置高密度材料的识别标记，如：产品编号、焊缝编号、部位编号、返修标记、透照日期等底片上所显示的标记应尽可能位于有效评定区之外，并确保每一区段标记明确无误。

I.1.5　工件表面应作出永久性标记，以确保每张射线底片可准确定位。若材料性质或使用条件不允许在工件表面作永久性标记时，应采用准确的底片分布图来记录。

I.1.6　当透照区域要采用两张以上胶片照相时，相邻胶片应有一定的搭接区域，以确保整个受检区域均被透照。应将高密度搭接标记置于搭接区的工件表面，并使之能显示在每张射线底片上。

I.1.7　影像质量应使用《无损检测　线型像质计通用规范》（JB/T 7902）所规定的像质计来验证和评定。所用像质计的材质应与被检工件相同或相似，或其射线吸收小于被检材料。像质计应优先放置在射线源侧，并紧贴工件表面，且位于厚度均匀的区域。

I.1.8　底片的观察条件应满足《工业射线照相底片观片灯》（JB/T 7903）的规定要求。通过观察底片上的像质计影象，确定可识别的最细丝径编号或最小孔径编号，以此作为像质计数值。对线型像质计，若在黑度均匀的区域内有至少 10mm 丝长连续清晰可见，该丝就视为可识别。对阶梯孔型像质计，若阶梯上有两个同径孔，则两孔应均可识别，该阶梯孔才视为可识别。在射线照相检测报告中，应注明所使用的像质计类型、型号及所达到的像质计数值。

I.1.9　按本指南进行射线照相检测的人员，应按《无损检测　人员资格鉴定与认证》（GB/T 9445）或其他相关标准进行相应工业门类及级别的培训、考核，并持有相应考核机构颁发的资格证书。

I.1.10　射线透照技术分为两个等级：A 级为普通级，B 级为优化级。当 A 级灵敏度不能满足检测要求时，应采用 B 级透照技术。

I.2　设备与器材

I.2.1　采用管电压 500kV 以下的 X 射线机时，为获得良好的照相灵敏度，应选用尽可能低的管电压。X 射线穿透不同材料和不同厚度时，所允许使用的最高管电压应符合图 I.1 的规定。

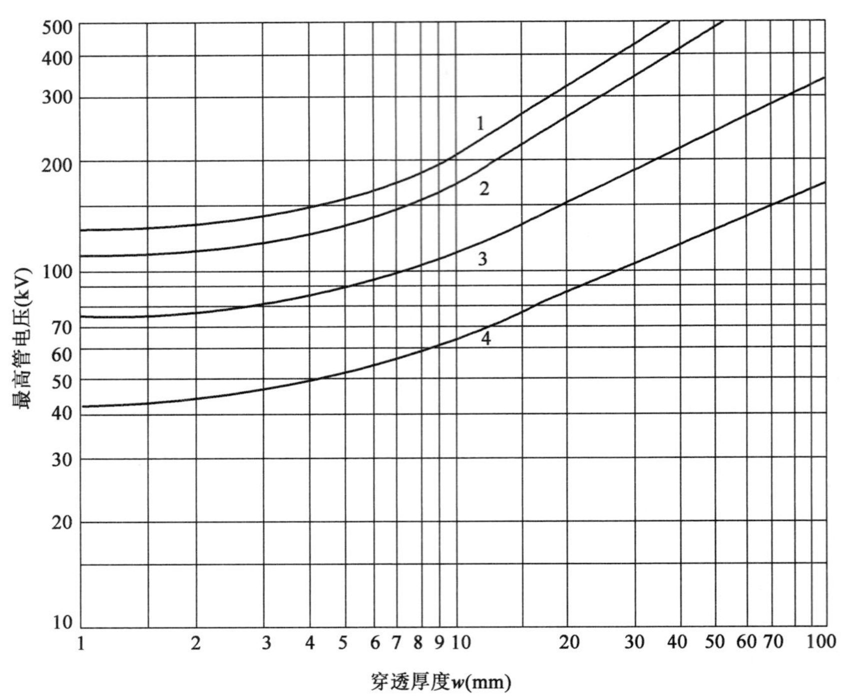

图 I.1　500kV 以下 X 射线机穿透不同材料和不同厚度所允许使用的最高管电压

1-铜、镍及其合金;2-钢;3-钛及其合金;4-铝及其合金

I.2.2　γ 射线和 1MeV 以上的 X 射线所允许的穿透厚度范围见表 I.1。

表 I.1　γ 射线和 1MeV 以上 X 射线对钢、铜和镍基合金材料所适用的穿透厚度范围

射线种类	穿透厚度 w(mm)	
	A 级	B 级
Tm 170	$w<5$	$w<5$
Yb 169[a]	$1\leqslant w\leqslant 15$	$2\leqslant w\leqslant 12$
Se 75[b]	$10\leqslant w\leqslant 40$	$14\leqslant w\leqslant 40$
Ir 192	$20\leqslant w\leqslant 100$	$20\leqslant w\leqslant 90$
Co 60	$40\leqslant w\leqslant 200$	$60\leqslant w\leqslant 180$
X 射线为 1MeV ~ 4MeV	$30\leqslant w\leqslant 200$	$50\leqslant w\leqslant 180$
X 射线 >4MeV ~ 12MeV	$w\geqslant 50$	$w\geqslant 80$
X 射线 >12MeV	$w\geqslant 80$	$w\geqslant 100$

[a] 对铝的穿透厚度为:A 级时,$10\text{mm}<w<70\text{mm}$;B 级时,$25\text{mm}<w<55\text{mm}$。

[b] 对钛的穿透厚度为:A 级时,$35\text{mm}\leqslant w\leqslant 120\text{mm}$。

I.2.3　射线照相检测所使用的胶片系统类别应按《无损检测　工业射线照相胶片　第 1 部分:工业射线照相胶片系统的分类》(GB/T 19348.1)和《无损检测　工业射线照相胶片　第 2 部分:用参考值方法控制胶片处理》(GB/T 19348.2)进行选定。

I.3　检测

I.3.1　射线束应对准被检区中心,并在该点与被检工件表面相垂直。但若采用其他透照角度有利于检

出某些缺陷时,也可另择方向进行透照。

I.3.2 滤光板和铅光阑应满足以下要求:

a) 为减少散射线的影响,应利用铅光阑等将一次射线尽量限制在被检区段内。

b) 采用 Ir 192 和 Co 60 射线源或产生边缘散射时,可将铅箔或薄铅板插在工件与暗袋之间,作为低能散射线的滤光板。按透照厚度的不同,滤光板的厚度应选择在 0.5mm ~ 2mm 之间。

I.3.3 背散射的屏蔽应满足以下要求:

a) 为防止散射线对胶片的影响,应在胶片暗袋后贴附适当厚度的铅板(至少 1mm)或锡板(至少 1.5mm)。

b) 当采用新的透照布置时,应在每个暗袋后背贴上高密度材料标记"B"(高度大于或等于 10mm,厚度大于或等于 1.5mm),以此验证背散射的存在与否。若底片上出现该标记的较亮影像,此底片应作废;若此标记影像较暗或不可见,表明散射线屏蔽良好,则此底片合格。

I.3.4 射线源-工件最小距离 f_{min} 与射线源的尺寸 d 和工件-胶片距离 b 有关。射线-工件距离 f 的选择,应使 f/d 符合下列要求:

A 级:$f/d \geqslant 7.5 \times b^{2/3}$

B 级:$f/d \geqslant 15 \times b^{2/3}$

注:b 单位为毫米(mm),当 $b < 1.2t$(t 为公称厚度)时,b 可用 t 取代。

I.3.5 一次透照长度应满足以下要求:

a) 平板纵缝透照和射线源位于偏心位置透照曲面焊缝时,为保证 100% 透照,其曝光次数应按技术要求来确定。

b) 射线经过均匀厚度被检区外端的斜向穿透厚度与中心束的穿透厚度之比,A 级不大于 1.2,B 级不大于 1.1。

c) 只要观片时有适当的遮光设施,底片上由于射线穿透厚度变化所引起的黑度值变化的范围,其下限不应低于表 I.2 规定的数值,上限不得高于观片灯可以观察的最高值。

表 I.2 底片黑度

等级	黑度[a]
A	≥2.0[b]
B	≥2.3[c]

[a] 测量允许误差为 ±0.1。
[b] 经合同各方商定,可降为 1.5。
[c] 经合同各方商定,可降为 2.0。

d) 工件被检区域应包括焊缝和热影响区,通常焊缝两侧应评定至少约 10mm 的母材区域。

e) 对接环焊缝 100% 透照的最少曝光次数应满足《金属熔化焊焊接接头射线照相》(GB/T 3323)的规定。

I.3.6 选择的曝光条件应使底片的黑度满足表 I.2 的规定。

I.3.7 胶片的暗室处理应按胶片及化学药剂制造者推荐的条件进行,以获得选定的胶片系统性能。特别要注意温度、显影及冲洗时间。胶片处理应按《无损检测 工业射线照相底片 第 2 部分:用基准值检验底片》(ISO 11699-2)的规定进行定期检查。

I.3.8 底片的评定应在光线暗淡的室内进行,观片灯的亮度应可调,灯屏应有遮光板遮挡非评定区。观片灯应满足《工业射线照相底片观片灯》(JB/T 7903)的规定。观片灯的亮度应能保证底片透过光的亮度不低于 $30cd/m^2$,尽量达到 $100cd/m^2$。

I.4 评定

I.4.1 根据缺陷的性质和数量，焊接接头质量分为四个等级：

a) Ⅰ级焊接接头：应无裂纹、未熔合、未焊透和条形缺陷。

b) Ⅱ级焊接接头：应无裂纹、未熔合和未焊透。

c) Ⅲ级焊接接头：应无裂纹、未熔合以及双面焊和加垫板的单面焊中的未焊透。

d) Ⅳ级焊接接头：焊接接头中缺陷超过Ⅲ级者。

I.4.2 评定厚度 t 是指用于缺陷评定的母材厚度或角焊缝厚度，评定厚度的确定应满足以下要求：

a) 对接焊缝的评定厚度是指母材的公称厚度。不等厚材料对接时，取其中较薄的母材公称厚度，T 形接头时，取制备坡口的母材公称厚度。

b) 角焊缝的评定厚度是指角焊缝的理论厚度。

I.4.3 圆形缺陷应按以下方法评定：

a) 长宽比小于等于 3 的缺陷定义为圆形缺陷，它们可以是圆形、椭圆形、锥形或带有尾巴（在测定尺寸时应包括尾部）等不规则的形状，包括气孔、夹渣和夹钨。

b) 圆形缺陷用评定区进行评定，评定区域的大小见表 I.3，评定区应选在缺陷最严重的部位；

表 I.3 缺陷评定区

项 目	评定厚度 t(mm)		
	≤25	>25 ~ 100	>100
评定尺寸(mm)	10×10	10×20	10×30

c) 评定圆形缺陷时，应将缺陷尺寸按表 I.4 换算成缺陷点数。

表 I.4 缺陷点数换算

项 目	缺陷长径(mm)						
	≤1	>1 ~ 2	>2 ~ 3	>3 ~ 4	>4 ~ 6	>6 ~ 8	>8
点数	1	2	3	6	10	15	25

d) 不记点数缺陷尺寸见表 I.5。

表 I.5 不记点数的缺陷尺寸

项 目	评定厚度 t(mm)		
	≤25	>25 ~ 50	>50
评定尺寸(mm)	≤0.5	≤0.5	≤0.014t

e) 当缺陷与评定区边界线相接时，应将其划入该评定区内计算点数。

f) 对于材质或结构等原因进行返修可能会产生不利后果的焊接接头，经合同各方商定，各级别的圆形缺陷可放宽 1 点 ~ 2 点。

g) 圆形缺陷评定时，根据允许缺陷点数的上限对焊缝质量进行分级，允许缺陷点数的上限见表 I.6。

表 I.6　圆形缺陷的评定[a]

项　　目		评定区(mm)					
		10×10			10×20		10×30
评定厚度 t(mm)		≤10	>10~15	>15~25	>25~50	>50~100	>100
质量等级	Ⅰ	1	2	3	4	5	6
	Ⅱ	3	6	9	12	15	18
	Ⅲ	6	12	18	24	30	36
	Ⅳ	缺陷点数大于Ⅲ级者					
[a] 表中数值为允许缺陷点数的上限。							

h)　圆形缺陷长径大于 $t/2$ 时，评定为不合格。

i)　焊接接头内不计点数的圆形缺陷，在评定区内不应多于10个。

I.4.4　条形缺陷应按以下方法评定：

a)　长宽比大于3的气孔、夹渣和夹钨定义为条形缺陷；

b)　条形缺陷评定时，根据允许单个条形缺陷尺寸上限对焊缝质量进行分级，允许单个条形缺陷尺寸上限见表I.7。满足要求的判定为合格；不满足要求的判定为不合格。

表 I.7　条形缺陷的评定

质量等级	评定厚度 t (mm)	允许单个条形缺陷尺寸上限(mm)	不允许条形缺陷总长
Ⅱ	$t≤12$ $12<t<60$ $t≥60$	4 $t/3$ 20	在平行于焊缝轴线的任意直线上，相邻两缺陷间距均不超过 $6L$ 的任何一组缺陷，其累计长度在 $12t$ 焊缝长度内不超过 t
Ⅲ	$t≤12$ $12<t<60$ $t≥60$	6 $2t/3$ 30	在平行于焊缝轴线的任意直线上，相邻两缺陷间距均不超过 $3L$ 的任何一组缺陷，其累计长度在 $6t$ 焊缝长度内不超过 t
Ⅳ	大于Ⅲ级者		
注：表中 L 为该组缺陷中最长者的长度。			

I.4.5　综合评定：在圆形缺陷评定区内，同时存在圆形缺陷和条形缺陷时，以两者等级中较低者作为最终级别。不合格的缺陷，应予返修，返修区域修补后，返修部位及补焊受影响的区域，应按原探伤条件进行复验，复探部位的缺陷应按本附录评定。射线照相后，应对检测结果及有关事项进行详细记录，并填写检测报告。检测报告的主要内容包括：

a)　检测单位；

b)　产品名称；

c)　材质；

d)　热处理状况；

e)　焊接接头的坡口形式；

f)　公称厚度；

g)　焊接方法；

h） 检测标准：包括验收要求；
i） 透照技术及等级：包括像质计和要求达到的像质计数值；
j） 透照布置；
k） 标记；
l） 布片图；
m） 射线源种类和焦点尺寸及所选用的设备；
n） 胶片、增感屏和滤光板；
o） 管电压和管电流或Y源的活度；
p） 曝光时间及射线源-胶片距离；
q） 胶片处理：手工/自动；
r） 像质计的型号和位置；
s） 检测结果：包括底片黑度、像质计数值；
t） 由合同各方之间商定的与本标准规定的差异说明；
u） 有关人员的签字及资格；
v） 透照及检测报告日期。

附　录　J
（规范性附录）
渗 透 探 伤

J.1　一般规定

J.1.1　本附录适用于钢结构焊缝表面开口性缺陷的检测。
J.1.2　钢结构原材料表面开口性缺陷的检测可按本附录的规定进行。
J.1.3　渗透检测的环境及被检测部位的温度宜在10℃～50℃范围内。当温度低于10℃或高于50℃时，应按《承压设备无损检测　第5部分：渗透检测》（JB/T 4730.5）的规定进行灵敏度的对比试验。

J.2　试剂与器材

J.2.1　渗透剂、清洗剂、显像剂等渗透检测剂的质量应符合《无损检测　渗透检测用材料》（JB/T 7523）的有关规定，并宜采用成品套装喷罐式渗透检测剂。采用喷罐式渗透检测剂时，其喷罐表面不应有锈蚀，喷罐不应出现泄漏。应使用同一厂家生产的同一系列配套渗透检测剂，不应将不同种类的检测剂混合使用。
J.2.2　现场检测宜采用非荧光着色渗透检测，渗透剂可采用喷罐式的水洗型或溶剂去除型，显像剂可采用快干式的湿显像剂。
J.2.3　渗透检测应配备铝合金试块（A型对比试块）和不锈钢镀铬试块（B型灵敏度试块），其技术要求应符合《无损检测　渗透试块通用规范》（JB/T 6064）的有关规定。
J.2.4　试块的选用应符合下列规定：

a）当进行不同渗透检测剂的灵敏度对比试验、同种渗透检测剂在不同环境温度条件下的灵敏度对比试验时，应选用铝合金试块（A型对比试块）。

b）当检验渗透检测剂系统灵敏度是否满足要求及操作工艺正确性时，应选用不锈钢镀铬试块（B型灵敏度试块）。

J.2.5　试块灵敏度的分级应符合下列规定：

a）当采用不同灵敏度的渗透检测剂系统进行渗透检测时，不锈钢镀铬试块（B型灵敏度试块）上可显示的裂纹区号应符合表J.1的规定。

表J.1　不同灵敏度等级下显示的裂纹区号

项　目	检测系统的灵敏度		
	低	中	高
显示的裂纹区号	2～3	3～4	4～5

b）不锈钢镀铬试块（B型灵敏度试块）裂纹区的长径显示尺寸应符合表J.2的规定。

表J.2　不锈钢镀铬试块裂纹区的长径显示尺寸

项　目	裂纹区号				
	1	2	3	4	5
裂纹长径（mm）	5.5～5.6	3.7～4.5	2.7～3.5	1.5～2.4	0.8～1.6

J.2.6 检测灵敏度等级的选择应符合下列规定：

a) 焊缝及热影响区应采用“中灵敏度”检测，使其在不锈钢镀铬试块（B 型灵敏度试块）中可清晰显示“3 ~ 4”号裂纹；

b) 焊缝母材机加工坡口、不锈钢工件应采用“高灵敏度”检测，使其在不锈钢镀铬试块（B 型灵敏度试块）中可清晰显示“4 ~ 5”号裂纹。

J.3 检测

J.3.1 渗透检测应按照预处理、施加渗透剂、去除多余渗透剂、干燥、施加显像剂、观察与记录、后处理等步骤进行。

J.3.2 预处理应符合下列规定：

a) 对检测面上的铁锈、氧化皮、焊接飞溅物、油污以及涂料应进行清理，且清理范围为从检测部位边缘向外扩展 30mm 的区域；机械加工检测面的表面粗糙度（Ra）不宜大于 12.5μm，非机械加工面的粗糙度不得影响检测结果。

b) 对清理完毕的检测面应进行清洗；检测面应充分干燥后，方可施加渗透剂。

J.3.3 施加渗透剂时，可采用喷涂、刷涂等方法，使被检测部位完全被渗透剂所覆盖。在环境及工件温度为 10℃ ~ 50℃的条件下，保持湿润状态不应少于 10min。

J.3.4 去除多余渗透剂时，可先用无绒洁净布进行擦拭。在擦除检测面上大部分多余的渗透剂后，再用蘸有清洗剂的纸巾或布在检测面上朝一个方向擦洗，直至将检测面上残留渗透剂全部擦净。

J.3.5 清洗处理后的检测面，经自然干燥或用布、纸擦干或用压缩空气吹干。干燥时间宜控制在 5min ~ 10min 之间。

J.3.6 宜使用喷罐型的快干湿式显像剂进行显像。使用前应充分摇动，喷嘴宜控制在距检测面 300mm ~ 400mm 处进行喷涂。喷涂方向宜与被检测面成 30° ~ 40°的夹角，喷涂应薄而均匀，不应在同一处多次喷涂，不得将湿式显像剂倾倒至被检面上。

J.3.7 迹痕观察与记录应按下列要求进行：

a) 施加显像剂后宜停留 7min ~ 30min 后，方可在光线充足的条件下观察迹痕显示情况；

b) 当检测面较大时，可分区域检测；

c) 对细小迹痕，可用 5 倍 ~ 10 倍放大镜进行观察；

d) 缺陷的迹痕可采用照相、绘图、粘贴等方法记录。

J.3.8 检测完成后，应将检测面清理干净。

J.4 评定

J.4.1 焊接接头渗透探伤方法和探伤结果应符合 GB/T 18851、GB/T 26953 的规定，并同时满足本附录的要求。

J.4.2 检测表面的宽度应包括焊缝金属宽度和每侧各 10mm 距离的临近母材金属宽度。

J.4.3 相邻且间距小于其中较小的显示主轴尺寸时，应作为单个的连续显示评定。

J.4.4 当缺陷为裂纹时，应直接评定为不合格。线形缺陷和圆形缺陷的评定应符合表 J.3 的规定，满足表 J.3 的规定评定为合格，不满足表 J.3 的规定评定为不合格。

J.4.5 不合格的缺陷，应予返修，返修复检部位应在检测报告的检测结果中标明。返修区域修补后，返修部位及补焊受影响的区域，应按原探伤条件进行复验，复探部位的缺陷应按本附录评定。

J.4.6 检测评定后应填写检测评定记录。

表 J.3　显示的评定

序　　号	显示类型	允许的显示尺寸上限(mm)
1	线状显示[a]	显示长度 $L \leq 2$
2	非线状显示[b]	主轴长度 $L \leq 6$

[a] 线状显示:长度大于 3 倍宽度的显示。

[b] 非线状显示:长度小于或等于 3 倍宽度的显示。

附　录　K
(规范性附录)
钢材力学性能及工艺性能

K.1　桥梁用结构钢(GB/T 714—2015)

K.1.1　桥梁用结构钢拉伸试验

钢材下屈服强度 R_{eL}、抗拉强度 R_m、断后伸长率 A 不小于表 K.1 中的值。

表 K.1　钢材下屈服强度 R_{eL}、抗拉强度 R_m、断后伸长率 A

钢材牌号	质量等级	下屈服强度 R_{eL}(MPa)			抗拉强度 R_m(MPa)	断后伸长率 A(%)
		$t \leq 50$	$50 < t \leq 100$	$100 < t \leq 150$		
Q345q	C、D、E	345	335	305	490	20
Q370q	C、D、E	370	360	—	510	20
Q420q	C、D、E、F	420	410	—	540	19
Q460q	C、D、E、F	460	450	—	570	18
Q500q	C、D、E、F	500	480	—	630	18
Q550q	C、D、E、F	550	530	—	660	16
Q620q	C、D、E、F	620	580	—	720	15
Q690q	C、D、E、F	690	650	—	770	14

注 1:t 为钢板厚(mm)。
注 2:表中数值为下限值。

K.1.2　桥梁用结构钢冲击试验

夏比(V 形缺口)冲击试验的温度和冲击吸收能量见表 K.2。

表 K.2　夏比(V 形缺口)冲击试验的温度和冲击吸收能量

钢材牌号	质量等级	以下试验温度(℃)的冲击吸收能量 KV_2(J)			
		0	-20	-40	-60
Q345q、Q370q	C	120			
Q345q、Q370q、Q420q、Q460q、Q500q、Q550q、Q620q、Q690q	D	—	120	—	—
Q345q、Q370q、Q420q、Q460q、Q500q、Q550q、Q620q、Q690q	E	—	—	120	—
Q420q、Q460q、Q500q、Q550q、Q620q、Q690q	F	—	—	—	47

K.1.3　桥梁用结构钢工艺性能

钢材的 180°弯曲试验应符合表 K.3 的规定。

表 K.3　桥梁用结构钢工艺性能

项　　目		弯曲压头直径 D	弯 曲 结 果
厚度(mm)	≤16	$2a$	在试样外表面不应有肉眼可见的裂纹
	>16	$3a$	
注:a 为试样厚度。			

K.2　低合金高强度结构钢(GB/T 1591—2018)

K.2.1　低合金高强度结构钢拉伸试验

K.2.1.1　热轧钢材

K.2.1.1.1　热轧钢材拉伸试验上屈服强度 R_{eH}、抗拉强度 R_m 见表 K.4。

表 K.4　钢材上屈服强度 R_{eL}、抗拉强度 R_m

钢材牌号	质量等级	上屈服强度 R_{eH}[a](MPa),不小于									抗拉强度 R_m(MPa)			
		t≤16	16<t≤40	40<t≤63	63<t≤80	80<t≤100	100<t≤150	150<t≤200	200<t≤250	250<t≤400	t≤100	100<t≤150	200<t≤250	250<t≤400
Q355	B,C	355	345	335	325	315	295	285	275	—	470~630	450~600	450~600	—
	D	355	345	335	325	315	295	285	275	265[b]	470~630	450~600	450~600	450~600[b]
Q390	B,C,D	390	380	360	340	340	320	—	—	—	490~650	470~620	—	—
Q420[c]	B,C	420	410	390	370	370	350	—	—	—	520~680	550~650	—	
Q460[c]	C	460	450	430	410	410	390	—	—	—	550~730	530~700	—	—

注:t 为钢板厚或直径(mm)。

[a] 当屈服不明显时,可用规定塑性延伸强度 $R_{p0.2}$ 代替上屈服强度。

[b] 只适用于质量等级为 D 的钢板。

[c] 只适用于型钢和棒材。

K.2.1.1.2　热轧钢材拉伸试验断后伸长率 A 不小于表 K.5 中的值。

表 K.5　钢材断后伸长率 A

钢材牌号	质量等级	断后伸长率 A(%),不小于						
		试样方向	t≤40	40<t≤63	63<t≤100	100<t≤150	150<t≤250	250<t≤400
Q355	B,C,D	纵向	22	21	20	18	17	17[a]
		横向	20	19	18	18	17	17[a]
Q390	B,C,D	纵向	21	20	20	19	—	—
		横向	20	19	19	18	—	—
Q420[b]	B,C	纵向	20	19	19	19	—	—
Q460[b]	C	纵向	18	17	17	17	—	—

注:t 为钢板厚或直径(mm)。

[a] 只适用于质量等级为 D 的钢板。

[b] 只适用于型钢和棒材。

K.2.1.2 正火、正火轧制钢材

K.2.1.2.1 正火、正火轧制钢材拉伸试验上屈服强度 R_{eH}、抗拉强度 R_m 见表 K.6。

表 K.6 钢材上屈服强度 R_{eL}、抗拉强度 R_m

钢材牌号	质量等级	上屈服强度 R_{eH}[a](MPa),不小于								抗拉强度 R_m(MPa)		
		$t \leqslant 16$	$16 < t \leqslant 40$	$40 < t \leqslant 63$	$63 < t \leqslant 80$	$80 < t \leqslant 100$	$100 < t \leqslant 150$	$150 < t \leqslant 200$	$200 < t \leqslant 250$	$t \leqslant 100$	$100 < t \leqslant 150$	$200 < t \leqslant 250$
Q355N	B,C,D,E,F	355	345	335	325	315	295	285	275	470～630	450～600	450～600
Q390N	B,C,D,E	390	380	360	340	340	320	310	300	490～650	470～620	470～620
Q420N	B,C,D,E	420	400	390	370	360	340	330	320	520～680	550～650	500～650
Q460N	C,D,E	460	440	430	410	400	380	370	370	550～730	530～700	510～690
注:t 为钢板厚或直径(mm)。												
[a] 当屈服不明显时,可用规定塑性延伸强度 $R_{p0.2}$ 代替上屈服强度 R_{eL}。												

K.2.1.2.2 正火、正火轧制钢材拉伸试验断后伸长率 A 不小于表 K.7 中的值。

表 K.7 钢材断后伸长率 A

钢材牌号	质量等级	断后伸长率 A(%),不小于					
		$t \leqslant 16$	$16 < t \leqslant 40$	$40 < t \leqslant 63$	$63 < t \leqslant 100$	$100 < t \leqslant 150$	$150 < t \leqslant 250$
Q355N	B,C,D,E,F	22	22	22	21	21	21
Q390N	B,C,D,E	20	20	20	19	19	19
Q420N	B,C,D,E	19	19	19	18	18	18
Q460N	C,D,E	17	17	17	17	17	16
注:t 为钢板厚或直径(mm)。							

K.2.1.3 热机械轧制(TMCP)钢材

热机械轧制(TMCP)拉伸试验钢材上屈服强度 R_{eH}、抗拉强度 R_m、断后伸长率 A 见表 K.8。

表 K.8 钢材下屈服强度 R_{eL}、抗拉强度 R_m、断后伸长率 A

钢材牌号	质量等级	上屈服强度 R_{eH}[a](MPa),不小于						抗拉强度 R_m(MPa)					断后伸长率 A(%)
		$t \leqslant 16$	$16 < t \leqslant 40$	$40 < t \leqslant 63$	$63 < t \leqslant 80$	$80 < t \leqslant 100$	$100 < t \leqslant 120$[b]	$t \leqslant 40$	$40 < t \leqslant 63$	$63 < t \leqslant 80$	$80 < t \leqslant 100$	$100 < t \leqslant 120$[b]	
Q355M	B,C,D,E,F	355	345	335	325	325	320	470～630	450～610	440～600	440～600	430～590	22
Q390M	B,C,D,E	390	380	360	340	340	335	490～650	480～640	470～630	460～620	450～610	20
Q420M	B,C,D,E	420	400	390	380	370	365	520～680	500～660	480～640	470～630	460～620	19

表 K.8　钢材下屈服强度 R_{eL}、抗拉强度 R_m、断后伸长率 A(续)

钢材牌号	质量等级	上屈服强度 R_{eH}[a](MPa),不小于						抗拉强度 R_m(MPa)					断后伸长率 A(%)
		t≤16	16<t≤40	40<t≤63	63<t≤80	80<t≤100	100<t≤120[b]	t≤40	40<t≤63	63<t≤80	80<t≤100	100<t≤120[b]	
Q460M	C,D,E	460	440	430	410	400	385	540~720	530~710	510~690	500~680	490~660	17
Q500M	C,D,E	500	490	480	460	450	—	610~770	600~760	590~750	540~730	—	17
Q550M	C,D,E	550	540	530	510	500	—	670~850	620~810	600~790	590~780	—	16
Q620M	C,D,E	620	610	600	580	—	—	710~880	690~880	670~850	—	—	15
Q690M	C,D,E	690	680	670	650	—	—	770~940	750~920	730~900	—	—	14

注:t 为钢板厚或直径(mm)。

[a] 当屈服不明显时,可用规定塑性延伸强度 $R_{p0.2}$ 代替上屈服强度 R_{eL}。

[b] 对于型钢和棒材,厚度或直径不大于150mm。

K.2.2　低合金高强度结构钢冲击试验

冲击试验取纵向试样,经供需双方协商,也可取横向试样。夏比(V 形缺口)冲击试验的温度(℃)和冲击吸收能量(J)见表 K.9。

表 K.9　夏比(V 形缺口)冲击试验的温度和冲击吸收能量

钢　级	质量等级	以下试验温度[a](℃)的冲击吸收能量 KV_2(J)									
		20		0		-20		-40		-60	
		纵向	横向	纵向	横向	纵向	横向	纵向	横向	纵向	横向
Q355、Q390、Q420 Q355N、Q390N、Q420N Q355M、Q390M、Q420M	B	34	27	—	—	—	—	—	—	—	—
Q355、Q390、Q420、Q460 Q355N、Q390N、Q420N、Q460N Q355M、Q390M、 Q420M、Q460M	C	—	—	34	27	—	—	—	—	—	—
Q500M、Q550M、Q620M、Q690M	C			55	34						
Q355、Q390	D	—	—	—	—	34[b]	27[b]	—	—	—	—
Q355N、Q390N、Q420N、Q460N Q355M、Q390M、Q420M、Q460M	D	55	31	47	27	40[c]	20	—	—	—	—
Q500M、Q550M、Q620M、Q690M	D	—	—	—	—	47[c]	27	—	—	—	—
Q355N、Q390N、Q420N、Q460N Q355M、Q390M、Q420M、Q460M	E	63	40	55	34	47	27	31[d]	20[c]	—	—
Q500M、Q550M、Q620M、Q690M	E	—	—	—	—	—		31[d]	20[d]	—	—
Q355N、Q355M	F	63	40	55	34	47	27	31	20	27	16

[a] 当需方未指定试验温度时,正火、正火轧制和热机械轧制的 C、D、E、F 级钢材分别做 0℃、-20℃、-40℃、-60℃冲击试验。

[b] 仅适用于厚度大于 250mm 的 Q355D。

[c] 当需方指定,D 级钢可做 -30℃ 冲击试验时,冲击吸收能量纵向不小于 27。

[d] 当需方指定,E 级钢可做 -50℃ 冲击试验时,冲击吸收能量纵向不小于 27J,横向不小于 16J。

K.2.3 低合金高强度结构钢工艺性能

K.2.3.1 对于公称宽度不小于 600mm 的钢板及钢带的弯曲试验取横向试样,其他钢材取纵向试样。

K.2.3.2 钢材的 180°弯曲试验应符合表 K.10 的规定。

表 K.10 低合金高强度结构钢工艺性能

项 目	弯曲压头直径 D		弯 曲 结 果
厚度(mm)	≤16	$2a$	在试样外表面不应有肉眼可见的裂纹
	>16~100	$3a$	
注:a 为试样厚度。			